Nienachalna
z urody

MARIA

CZUBASZEK

Nienachalna z urody

Prószyński i S-ka

Projekt okładki
Paweł Panczakiewicz
www.panczakiewicz.pl

Zdjęcie na okładce
© Filip Skrońc/Agencja Forum

Zdjęcia w książce
Agnieszka K. Jurek
Katarzyna Wieder / Paproch Studio

Redaktor prowadzący
Anna Derengowska

Redakcja
Jan Osiecki
Anna Rydzewska

Korekta
Jan Jaroszuk
Zofia Firek

Łamanie
Alicja Rudnik

ISBN 978-83-8069-350-0

Warszawa 2016

Wydawca
Prószyński Media Sp. z o.o.
02-697 Warszawa, ul. Rzymowskiego 28
www.proszynski.pl

Druk i oprawa
CPI MORAVIA
www.cpi-moravia.com

WSTĘP

O czym jest ta książka? Na to pytanie trudno odpowiedzieć w jednym zdaniu, bo rozstrzał zagadnień i anegdot jest dość spory. Cóż, starsze panie tak mają, że nie trzymają się tematu. A ja jestem już w rozwojowym okresie późnej dojrzałości. Ale za to mogłam opisać, co widziałam i słyszałam w ciągu życia. A było tego sporo.

Jednego pilnowałam bardzo. Podobno kiedyś Adolf Dymsza, oceniając grę jakiegoś aktora, stwierdził: „to było bardzo komiczne, ale nie śmieszne" – zawsze robię wszystko, aby uniknąć takiej recenzji mojej pracy. Starałam się, żeby wyszło zabawnie. Niestety, momentami jednak będzie robiło się poważnie, zwłaszcza że pracę kończyłam już po wyborach i ta tak zwana dobra zmiana zapowiadana przez obecną władzę wpłynęła na to, co piszę, bo zmienił się kraj. Ale może to nawet i lepiej? Zwłaszcza że po godzinach mam raczej potrzebę dosmucania się...

Tym razem wydawnictwo postawiło przede mną trudniejsze wyzwanie, bo nie przysłało w ramach odsieczy mojego ukochanego Artura Andrusa, a ja wolę dialogi od monologów. Zarówno pisać, jak i słuchać. Monologi warto zostawić politykom, im one lepiej wychodzą. Na przykład pracującej w kancelarii premiera minister Beacie Kempie. Ta pani pasjami uwielbia je wygłaszać. Nieustająco jestem pod wielkim wrażeniem tego, jak ona to robi. Może mówić i mówić, a co ważniejsze, zupełnie nie jest dla niej istotne, jakie pytanie zostało zadane. Tylko plecie swoje trzy po trzy. Podziwiam panią minister, a jeszcze bardziej tych, którzy zapraszają ją na wywiady czy do prób dyskusji. Gdyby nawet w ramach tych wszystkich zmian, które zachodzą, niestety, w Polsce, ktoś wpadł i przepchnął przez sejm (odpukać!) projekt ustawy o całkowitym zakazie aborcji, to i tak będzie łatwiej przerwać ciążę niż przerwać słowotok pani Beacie Kempie.

Muszę przyznać, że niechętnie wracam do przeszłości, zwłaszcza że nigdy nie pałałam miłością do historii. Bo co tu zresztą lubić? Ot, było, minęło. A jeszcze mniej lubię mówić o planach na przyszłość. Bo o czym tu mówić. Mnie jutro może szlag trafić. Każdy musi umrzeć, a ja już żyję tyle lat, że to w każdej chwili może mi się przydarzyć.

Nigdy niczego nie planowałam. Zwłaszcza tej książki. Co zapewne jest minusem, szczególnie dla Czytelnika. Postanowiłam ją zostawić swojemu losowi. I jakoś tak samo wyszło.

A poza tym, zawsze uważałam, a im jestem starsza, tym bardziej utwierdzam się w przekonaniu, że życiem rządzą przypadki. Gdy słyszę te hasła: Weź życie w swoje ręce, to... No właśnie. Można próbować brać je na różne sposoby, a ono i tak zawsze jakoś... przeleci między palcami. Pewnie właśnie z tego powodu nigdy nie brałam swojego życia w swoje ręce, ono po prostu zawsze tak samo z siebie się składało. Tak jak i ta książka. Będzie zatem trochę o przeszłości, przeszłości i teraźniejszości. A skoro życie składa się, jak się składa, to forma też będzie specyficzna. Alfabet ułożony zupełnie niealfabetycznie.

Ta książka to również swego rodzaju last minute. Jeszcze dzisiaj żyję, ale jutro może mnie szlag trafić. Poza tym wszyscy wokół są młodzi i pełni zapału, ja nie jestem młoda, a do tego jestem pesymistką. Uważam, tak samo jak mój ukochany Woody Allen, że świat zmierza do katastrofy, a życie jest jak nogi. Niezależnie od tego czy krótkie, czy długie, zawsze są do dupy.

URODA,
CZYLI KOBIETĄ BYĆ

Purchawka

To chyba najlepsze określenie mojego typu urody. Zawsze była nienachalna, ale z wiekiem zaczęło się to coraz bardziej rzucać w oczy. Niestety, nie tylko moje.

Nie kryguję się, bo nie tylko ja tak odbieram siebie. Pamiętam, to się zdarzyło, gdy jeszcze można było palić w telewizji; zapaliłam w programie Szymona Majewskiego, a potem jakiś oburzony widz zadzwonił do „Szkła kontaktowego", mówiąc, że jest wstrząśnięty, bo widział, jak pani Czubaszek paliła, a także jak wygląda przez te papierosy. Stwierdził, że jak... purchawka.

Jeśli mam być szczera, to wydaje mi się, że przyczyną mojego wyglądu, bardziej niż papierosy, jest wiek. Ale gdyby jakaś organizacja społeczna chciała wykorzystać mnie do kampanii ostrzegającej przed zgubnymi skutkami palenia, to oczywiście mogę w niej wystąpić. Ba, mogę nawet pokazać zdjęcia z czasów, gdy nie paliłam. Mam na nich taką gładziutką buzię, bez zmarszczek i białe ząbki. Co prawda miałam wtedy pięć lat, ale nie paliłam.

Tyle że też wyglądałam jak purchawka. A właściwie jak mała purchawka z dużym loczkiem. Bo kiedy byłam młoda, rodzice, zupełnie nie wiem dlaczego, robili dzieciom na czubku głowy loczek. Chyba nigdy nie wychodziłam dobrze na zdjęciach, nawet z rodziną.

Choć nie wiem, czy ktoś kiedyś uwierzy, że ja w ogóle kiedyś byłam dzieckiem i wyglądałam inaczej. Mniej więcej trzy lata temu w Telewizji Polskiej był program pod tytułem „Ale mądrale" prowadzony przez Kasię Pakosińską. Zostałam zaproszona do jednego z odcinków i zanim weszliśmy do studia, siedzieliśmy w saloniku z dziećmi. W tym gronie była pięcioletnia rezolutna dziewczynka. Długo na mnie patrzyła, w końcu zebrała się na odwagę i powiedziała, że chciałaby mnie o coś zapytać. Zgodziłam się. Najpierw zapytała: Czy pani była kiedyś młoda? Odpowiedziałam jej, że trudno w to uwierzyć, zwłaszcza że nie ma żadnych świadków, ale dawno temu byłam młoda. A drugie pytanie brzmiało: Czy była pani kiedyś ładna? No więc odpowiedziałam, że ładna nigdy nie byłam i urody nachalnej nie miałam...

Dlatego uważam, że nadaję się również świetnie do reklamy różnych kosmetyków. Zupełnie nie rozumiem, czemu biorą młode dziewczyny do filmów promujących kremy przeciwzmarszczkowe... Przecież to nie ma żadnego sensu. Wzięliby taką starą purchawkę jak ja i dopiero wtedy te filmy byłyby wiarygodne! Tylko musieliby użyć efektów specjalnych, które zmieniłyby mój wygląd już po użyciu kremu. Bo przed to nawet makijażu nie trzeba. Na razie moim największym osiągnięciem jest uzyskanie tytułu NIE najpiękniejszej 2010. Zażartą walkę o tę nagrodę wygrałam z samą Jolą Rutowicz. A to już nie byle co.

Operacje plastyczne

Już jako młoda dziewczyna nie podobałam się sama sobie. Szczególnie nie lubiłam oglądać swojej twarzy w lustrze, bo jak każdy normalny człowiek wolę patrzeć na to, co ładne. Właśnie z powodu tej niechęci do oglądania samej siebie nigdy nie nauczyłam się robić makijażu. Choć ten stan ma swoje zalety, bo uroda przemija, a brzydota zostaje. A człowiek nie lubi zmian, zwłaszcza gwałtownych.

Jestem przekonana, że nie tylko ja jestem taka paskudna, jest wiele takich kobiet. Już od dziecka wkurzało mnie stwierdzenie, że wszystkie kobiety są piękne. Gorszego kłamstwa nie słyszałam! Bo jeśli rzeczywiście wszystkie kobiety są piękne, to po niektórych po prostu tego zupełnie nie widać. Nie rozumiem, dlaczego panie się pocieszają (albo są pocieszane przez mamusie i znajome oraz znajomych) w ten sposób. Przez lata utarły się wśród nas jakieś dziwne schematy. Czasem lepiej spojrzeć prawdzie w oczy, choć będzie bolało.

Jakiś czas temu jechałam warszawskim autobusem, wszystkie miejsca były zajęte, więc stałam sobie. W pewnym momencie jakaś pani siedząca z małym chłopcem, poprosiła go: Ustąp miejsca tej pani. Chłopiec popatrzył na mnie, po czym ryknął na cały autobus: Tej starej?! Trochę zmieszana babcia próbowała ratować sytuację: Pani nie jest stara, tylko tak staro wygląda.

Mężczyźni mają lepiej niż kobiety, bo my, niestety, najczęściej starzejemy się brzydziej. O ile zmarszczki u mężczyzny wyglądają interesująco, o tyle u kobiet są koszmarne. Wiem to po sobie.

Choć są i takie kobiety, które potrafią się godnie starzeć. Na przykład taka Monica Bellucci, która jest już po pięćdziesiątce, naprawdę wygląda rewelacyjnie i jak sama mówi, nie wstydzi się zmarszczek. Ale mając jej urodę, też bym się nie wstydziła.

Niestety, z bólem zauważyłam, że ja co roku robię się starsza i bardziej pomarszczona. W odróżnieniu od Krzysztofa Ibisza, którego poznałam około dwudziestu lat temu. Wtedy nie był jeszcze taki młody i gładki na twarzy. W pewnym momencie, kiedy zrozumiałam, że mojej urodzie trudno jest pomóc w naturalny sposób, zaczęłam marzyć o botoksie. Uznałam, że warto spróbować. W końcu gdy jest się osobą publiczną, to warto wyglądać lepiej niż gorzej. Stąd marzył mi się kiedyś botoks. Potem się okazało, że na moje zmarchy nie pomoże botoks, ale wyłącznie kwas hialuronowy.

W końcu trochę przez przypadek dałam się pociąć chirurgowi plastycznemu. I nie kryję się z tym, tak jak nigdy nie zatajałam swoich aborcji. Ciągle nie rozumiem, dlaczego w Polsce nikt nie przyznaje się do tego, co robią wszyscy.

Nie wiem, dlaczego w mediach panuje zmowa milczenia na temat korzystania przez celebrytów z dobrodziejstw medycyny estetycznej. Nie rozumiem, dlaczego aktorki, prezenterki bezczelnie kłamią, twierdząc, że za swoją niezmieniającą się od lat urodę mogą dziękować tylko naturze. Doskonale wiadomo, że powinny być wdzięczne nie rodzicom za geny, ale chirurgowi za to, jak je pociął i naciągnął.

Tajemnicą poliszynela jest to, że między tymi wszystkimi gwiazdami i gwiazdkami nieustannie trwa wymiana kontaktów do najlepszych chirurgów plastycznych w Polsce i na świecie. Gwiazdy wolą jednak mówić, że ich młodzieńczy wygląd to wyłącznie zasługa dobrych genów. Ewentualnie twierdzą, że to zbawienny wpływ seksu.

A ja otwarcie mówię, że nie mam takich genów i ta moja od zawsze nienachalna uroda wraz z upływem czasu zaczęła jeszcze bardziej nienachalnieć. Nie miałam również zamiaru nikogo przekonywać, że będąc w takim a nie innym wieku, nagle rzuciłam się w wir seksu. Zresztą, gdyby nawet, to i tak pewnie nie wygładziłoby to aż tak bardzo, zwłaszcza twarzy. Naprawdę nie widzę sensu ukrywania prawdy o tym, jak było – wyładniałam dzięki skalpelowi.

To, że miałam operację, trudno było ukryć, zwłaszcza że musiałam po niej nosić ciemne okulary. Trzeba było ich używać nawet w studiu telewizyjnym, bo tak kazał mi lekarz. W przeciwieństwie do części gwiazd nie mogę nawet na chwilę zrezygnować z występów telewizyjnych i spotkań, bo to z nich żyję. Niestety, moja emerytura jest mikroskopijna, a za udział w programach TV dostaję wynagrodzenie. I dlatego dosłownie dzień czy dwa po operacji miałam występ w „Szkle kontaktowym". Nie mogłam zrezygnować, więc na ekranie pojawiłam się w ciemnych okularach.

Wtedy jeszcze niespecjalnie chciałam opowiadać o zabiegu, dlatego umówiliśmy się z prowadzącym, że pominiemy milczeniem mój nietypowy wygląd. Niestety, bo choć w programie mówiliśmy o różnych sprawach, to telefony i SMS-y od widzów dotyczyły tylko moich ciemnych okularów. Padło nawet pytanie, czy będę ogłaszała dekret o wprowadzeniu stanu wojennego.

Szczerze powiedziałam o wszystkim dopiero następnego dnia, gdy zadzwonili do mnie dziennikarze z jakiegoś tabloidu. Potem media oszalały, bo jako jedna z niewielu znanych ludzi przyznałam się do operacji. Pamiętam wielki tytuł w jednym z kolorowych pism: *Czubaszek pocięła się dla męża*. Strasznie nakłamali, bo powinno być, że nie dla męża, ale za męża. A wszystko przez Artura Andrusa. W naszej pierwszej książce zadał mi pytanie, na co wydałabym pieniądze, gdybym je miała. Odpowiedziałam, że gdybym była bogata, to zbudowałabym przede wszystkim wypasione schronisko dla zwierząt. Natomiast gdyby coś jeszcze mi zostało, to zafundowałabym Karolakowi operację plastyczną. On ma obsesję podgardla. Natomiast sobie zrobiłabym zastrzyki na te straszne bruzdy przy nosie, ponieważ okropnie mnie denerwują. Jakiś czas później zadzwonił do mnie ktoś z TVN Style, że zna moje marzenie. Szybko rozwiał moje nadzieje. Niestety, stacja telewizyjna nie chciała wybudować schroniska dla zwierząt, ale za to zaproponowali, że mogą mnie i mężowi zasponsorować operację plastyczną. Przygotowywali program „Sekrety chirurgii" dotyczący tego rodzaju zabiegów i bardzo chcieli, żeby wzięły w nim udział osoby, które są chociaż troszkę znane. Dlatego postanowili zaprosić mnie i Karolaka. On ucieszył się jak dziecko, gdy usłyszał propozycję. I zgodnie z pierwszym ustaleniem, to on miał mieć operację, a ja tylko zastrzyki. Oczywiście, wszystko pod okiem kamery. Ani Karolakowi, ani mnie warunki nie przeszkadzały, bo nie mamy nic do ukrycia. Podpisaliśmy umowę, pojawiły się nawet zapowiedzi programu w telewizji. I wtedy się okazało, że mąż nie może mieć operacji, bo ma za małą krzepliwość krwi. Producent zaczął więc namawiać, żebym ja się zgodziła. Uznał, że same zastrzyki na ekranie to za mało, żeby przyciągnąć widzów. Długo się opierałam. Protestowałam, że nie, że nie chcę, ale pan doktor Marek Szczyt popatrzył na mnie i stwierdził, że marszczą mi się powieki. Odparłam, że pomarszczona jestem cała, ale nie dał się zbyć i uparcie przekonywał do jakiejś większej operacji. W końcu stwierdził, że jeśli boję się poważniejszego zabiegu, to zostaniemy przy powiekach. Nie miałam wyjścia, zgodziłam się.

Po zabiegu wiele osób pytało, czy podobam się sama sobie i jaki mam stosunek do tego typu operacji. A ja naprawdę wcześniej nie widziałam swoich zmarszczek, bo nie patrzyłam do lustra. A ze względu na moją nienachalną urodę chyba nie warto mnie pytać, czy podobam się sama sobie. Za to jakiś czas po programie w TVN zadzwonili do mnie z jakiejś firmy kosmetycznej i zaproponowali mi masaż szyi. Obiecali, że nie tylko mi go zrobią, ale jeszcze nawet za to zapłacą. Podziękowałam, bo po to noszę golfy, żeby nie musieć pokazywać swojej pomarszczonej szyi.

Feminizm

Jestem kobietą niezależną, ale raczej nie feministką, choć zgadzam się z większością ich poglądów. Bo kobiety rzeczywiście mają niemal wszędzie gorzej, zwłaszcza w pracy, w domu, w ciąży...

Zgadzam się z postulatami feministek dotyczącymi równouprawnienia, tego że kobiety pracujące na tych samych stanowiskach co mężczyźni, powinny zarabiać tyle samo co oni, czy że mężczyźni powinni zajmować się tak samo pracami domowymi albo opieką nad dzieckiem.

Ale jedno mnie do nich zraża. Ich negatywny, chyba tylko dla zasady „samiec twój wróg", stosunek do mężczyzn.

Naprawdę nie rozumiem, dlaczego tak źle reagują na komplementy i z jakiegoś absurdalnego powodu uznają je za przejaw seksizmu. A przecież komplementy czy wiążący się z nimi flirt powodują, że życie jest przyjemniejsze. Zwłaszcza kobiet. Pamiętam to sama z młodości. Dziś, niestety, ze mną jest tak, jak z pewną dziennikarką, która napisała, że poczuła się staro, gdy ktoś w metrze zapytał ją o godzinę. Bo kiedy odpowiedziała, rozmówca podziękował i się odwrócił. Wtedy zrozumiała, że rzeczywiście pytano ją o to, która godzina. Mam tak samo jak ona, od dobrych kilku lat mężczyźni pytają mnie wyłącznie o to, która godzina. No, jeszcze czasem pojawia się pytanie, czy naprawdę muszę palić. I wtedy odpowiadam zgodnie z prawdą, że nie mam innego wyjścia, bo młodość musi się wyszumieć, a starość – wypalić. Choć to też nie do końca prawda. Bo powoli, niestety, zaczynam rozumieć, że starość to także stan, w którym nie tylko już nic się nie musi, to na dodatek coraz mniej się może. Ale w takiej sytuacji można znaleźć, cytuję klasyka, plusy dodatnie.

Znam kilka feministek, bardzo je lubię i cenię, zwłaszcza że to bardzo inteligentne panie i dziwi mnie, że tak je oburza, że jakiś mężczyzna im mówi, że są ładne. Mam wrażenie, że są z jakiegoś powodu przewrażliwione na punkcie tego, że mężczyzna zwraca uwagę na to, że one są kobietami. Oczywiście, nie mam na myśli wulgarności, nagabywania czy molestowania.

Słyszałam, że Kazimiera Szczuka wylała wino na Marcina Mellera, który wówczas kierował polskim wydaniem „Playboya", bo tak ją oburzyło pytanie, czy zgodziłaby się pozować nago do jego pisma. Rozumiem ją, że odmówiła, bo ja dla „Playboya" zgodziłam się tylko na zdjęcia w plastikowym worku, i to na Powązkach. Ale nie potrafię pojąć jej oburzenia i tych wszystkich negatywnych emocji, które wywołała propozycja Mellera. Ale może wynika to z naszej natury, bo my kobiety, niestety, częściej niż mężczyźni tracimy kontakt z rozumem. Jesteśmy strasznie emocjonalne. Chociaż ja akurat bardziej wierzę w rozum niż w tak zwane odruchy i w serce, pewnie dlatego też nie mogłabym zostać feministką.

Niby nic

Każdy człowiek może podobno napisać książkę. Albo przeczytać. Stefan N., któremu pisanie i czytanie przychodziło z jednakową trudnością, z dwojga złego wybrał pierwszą możliwość. Postanowił pisać. Niestety. Jego pierwsza książka *Napat i Napataszon* przeszła bez echa. Niezrażony Stefan N. natychmiast napisał drugą. Nową powieść zatytułował dla odmiany zupełnie inaczej. *Cichy Don Juan*. Chwyciło. Książka stała się bestsellerem, a z młodym autorem średniego pokolenia przeprowadzono dziesiątki wywiadów.

– *Cichy Don Juan* jest pańskim pierwszym debiutem, nieprawdaż?

– Nieprawdaż. To mój drugi debiut. Pierwszy raz zadebiutowałem rok temu.

– A więc podwójnie gratuluję! W ciągu roku dwa debiuty! A można wiedzieć, skąd tytuł pańskiej drugiej książki?

– Stąd, że dwa tytuły, które zaproponowałem do wyboru, *Cichy Don* oraz *Don Juan* okazały się już zajęte w Zaiksie. Wykombinowałem więc nowy. Nie wiem jak pani, ale mnie osobiście bardzo się podoba.

– Wszystkim się podoba! Na zakończenie tradycyjne pytanie. Co pana skłoniło do pisania? Bo jest już sporo książek napisanych...

– Wiem. Pamiętam ze szkoły. Ale to nie dla mnie.

– Dlaczego?

– Nie lubię iść na gotowe. Jeśli chcę coś przeczytać, to sobie piszę.

– Pozwoli pan, że tym optymistycznym akcentem zakończymy naszą rozmowę. Jeszcze raz gratuluję i czekamy na kolejny debiut!

Przed kolejnym debiutem Stefana N., ale po kolejnym wywiadzie, zaproponowano mu cykl spotkań autorskich. W terenie.

Niestety. Pierwsze z zaplanowanych spotkań w ostatniej chwili trzeba było odwołać. Z powodu niedyspozycji frekwencji. Na szczęście drugie spotkanie zorganizowano lepiej. Wcześniej sprzedano bilety.

– A skoro zapłacili – zapewniła dyrektorka miejscowego ośrodka kultury – to przyjdą. Tym bardziej że dzisiaj jest nieczynna gospoda.

I rzeczywiście przyszli. Stefan N. przywitał serdecznie swych czytelników, a następnie przeczytał, na głos zresztą, fragment *Cichego Don Juana*. Kiedy skończył, zaległa grobowa cisza. Cisza przed burzą – ucieszył się i uprzedzając burzę oklasków, przeczytał na bis drugi fragment swej książki. Oklaskom nie było początku.

– Może macie państwo jakieś pytania? – przerwał kłopotliwą ciszę Stefan N.

– Czy będzie przerwa? – zainteresował się młody człowiek z trzeciego rzędu.

– Będzie, ale po spotkaniu – wyjaśniła pani dyrektor i ratując sytuację, zwróciła się do autora: – Interesuje mnie, skąd pan bierze pomysły do swoich książek?

– Z niczego. Czyli z głowy! – odpowiedział dowcipnie Stefan N. i chcąc dać dobry przykład, wybuchnął śmiechem. Niestety, niezaraźliwym. Speszony autor sięgnął znów po książkę. – W takim razie – zagroził – przeczytam jeszcze jeden fragment.

Poskutkowało. Połowa frekwencji chyłkiem opuściła salę. To jakby ośmieliło pozostałą połowę. To znaczy trzy panienki w pierwszym rzędzie. Podbiegły do Stefana N. z prośbą o autograf. Autor pokraśniał z dumy. Dla tej chwili warto było jednak tłuc się nyską kilkaset kilometrów! Wyjmował właśnie długopis, kiedy jedna z dziewcząt szepnęła:

– Jako Kuraś był pan naprawdę cudowny!

Długopis zamarł w ręku Stefana N.

– Co ty opowiadasz! – oburzyła się druga panienka. – Pan nie jest aktorem, tylko autorem! Przecież to Stefan Żeromski!

WCZORAJ I DZIŚ

Planowanie

Nie robię tego. Uważam, że jestem stara, więc głupotą jest cokolwiek planować. Ale nawet jako młoda osoba byłam przekonana, że nigdy w życiu niczego nie ma sensu zakładać czy projektować. Woody Allen stwierdził kiedyś: Jeśli chcesz rozśmieszyć Boga, opowiedz mu o twoich planach na przyszłość. I miał rację. Żyję już długo i poznałam wielu ludzi, którzy planowali, a potem trzepnął ich samochód i wszystko się zmieniło, albo chcieli tanio kupić dom, a tu frank podskoczył... Więc po co planować cokolwiek? Zwłaszcza w moim wieku. Nie będę żyła wiecznie, mam nadzieję. I tak już żyję wystarczająco długo. Dlatego żadnych planów nie mam, poza tym, że może jeszcze coś napiszę, bo trzeba zapłacić kolejne rachunki.

Wspomnienia

Dwa dni w życiu są dla mnie kompletnie nieważne: wczoraj i jutro. Nie wspominam i nie planuję. Nie rozpamiętuję naszej historii, choć, jak mówią, naród bez historii, to nie naród. Na szczęście ze mnie nie jest żaden naród.

Kiedyś na wspomnienia namówiło mnie wydawnictwo, które wymyśliło książkę. Zgodziłam się pod warunkiem, że nie będzie mowy o sprawach osobistych. I dlatego, że moim rozmówcą był człowiek, którego darzę ogromną sympatią, czyli Artur Andrus. I się zdziwiłam, bo jednak wyciągnął ze mnie kilka rzeczy naprawdę osobistych.

Maria Czubaszek

O Królewnie Śmieszce, komiku garbusku i jednym smutnym

Za górami, za lasami, przed siodmioma stuleciami, nad rzeką Leharą była Kraina uśmiechu. Zamieszkiwali ją śmieszni ludzie, którzy za śmieszne pieniądze robili śmieszne rzeczy. Mieli śmieszne problemy i śmieszne radości. Kobiety były tam warte śmiechu i mężczyźni mieli na ich temat śmieszne myśli.

Po żartostradach jeździły śmieszne samochody a nie zmotoryzowani jeździli pośmiesznymi pociągami. Większość przedmiotów w Krainie uśmiechu była na gaz Rozśmieszający zresztą. Nawet kuchenki elektryczne. Wesołe wdówki dostawały specjalne dodatki a najwyższe pensje mieli stroiciele min. Stroili miny tak śmieszne, że ludzie pękali ze śmiechu. Pękniętych zszywano.

Kraina Uśmiechu rządziła, długo i szczęśliwie, Królewna Śmieszka. Jej śmieszne rządy rozśmieszały podwładnych. A tym, którym nie było do śmiechu, królewna przez umyślnego posłańca posyłała uśmiechy.

Codziennie rano odbywała krótką konferencję z nadwornym komikiem. Żeby było śmieszniej garbuskiem.

Tego dnia, a niewykluczone, że był to akurat piątek, Królewna Śmieszka jak co dzień wezwała go do siebie.

– Co słychać?

– Wyłącznie śmiech, Królewno.

– I bardzo dobrze. Śmiech to zdrowie! A najważniejsze, żebyśmy zdrowi byli!

–Ze zdrowiem Królewno, nie jest najlepiej. Bo ludzie zrywają ze śmiechu boki.

– Zerwane boki należy usuwać. Moi podwładni nie powinni mieć żadnych boków. A teraz, komiku, pokaż mi jak zawsze coś śmiesznego!

Komik garbusek spełnił jej życzenie, a Królewna Śmieszka patrząc na to co jej pokazał, dostała ataku śmiechu. A ponieważ atak ~~xxxxxxx~~ jest najlepszą obroną, broniła się długo i zaciekle, aż wreszcie, turlając się ze śmiechu, uległa.

Następnie wybrała się na poranny obchód królestwa. Wróciła szalenie zdenerwowana i wezwała natychmiast komika garbuska.

- Doniosłeś mi rano, że w moim królestwie słychać wyłącznie śmiech! Zrozumiałam więc, że wszyscy się śmieją! Milcz.

- Nic nie powiedziałem...

- Powiedziałeś rano. Nieprawdę. Podczas obchodu królestwa spotkałam człowieka, który się nie śmiał. Rozumiesz?! Mój podwładny mieszkaniec Krainy uśmiechu, jest smutny!!!

- Może nie wie, że żyje w Krainie Uśmiechu?

- Jak to nie wie?! Przecież wszędzie są napisy!

- Może w takim razie nie umie czytać?

- W takim razie idź i naucz go! Natychmiast!

I komik garbusek pobiegł do smutnego człowieka nauczyć go czytać. Wrócił po 20 minutach.

- Nauczyłeś go czytać?

- Niestety, On umie czytać.

- To może za dużo czyta i dlatego jest smutny? Pójdź do niego z najlepszym stroicielem min. Musi go rozśmieszyć!

I komik garbusek pobiegł po raz drugi do smutnego człowieka. Po drodze wstąpił do stroiciela min. Wrócili po 15 minutach.

- I co?!

- Niestety, królewno. Ten człowiek jest saperem i rozbroił miny stroiciela.

Królewnie Śmieszce ze złości zatrzęsły się uszy.

- Jeżeli ten człowiek nie będzie się dzisiaj śmiał...

- To może wpadł jej w zdanie komik garbusek - będzie śmiał się jutro?

- Jutro będzie futro! - tupnęła królewna - ten człowiek będzie się śmiał albo dzisiaj, albo nigdy!

- Dlaczego?

- Dlatego! To po pierwsze. A po drugie, jutro ten człowiek nie będzie już żył.

- Dlaczego? - zdziwił się komik garbusek po raz drugi.

- Ponieważ dzisiaj o północy zostanie stracony . Z mojego rozkazu zresztą.

- On o tym wie?

- Oczywiście. Od tygodnia. Musi więc wiedzieć, że jeśli dzisiaj się nie uśmiechnie, to nie uśmiechnie się już nigdy. To jest jego ostatnia szansa. Musi z niej korzystać!

- Może w tej sytuacji nie jest mu do śmiechu?

- Jak to?! Skoro żyje w Krainie Uśmiechu.

- Ale jutro już nie będzie żyć.

- Dzisiaj nie jest jutro! Dzisiaj jeszcze żyje! I ma się śmiać! Idź do niego jeszcze raz i nie wracaj, jeśli nie zmusisz go do śmiechu. Bo każę cię stracić jak jego!

I komik garbusek poszedł po raz trzeci do smutnego człowieka.

I nigdy już nie wrócił do Królewny Śmieszki.

Niewykluczone, że zamiast rozśmieszyć smutnegoxx człowieka, sam posmutniał . I w obawie przed groźbą Królewny Śmieszki opuścił granice Krainy Uśmiechu nad rzeką Leharą.

I smutny poszedł w świat.

A ponieważ, jak się okazało, smutek bywa tak samo zaraźliwy jak śmiech, jeśli spotkacie kiedyś komika garbuska, zejdźcie mu lepiej z drogi! Tak, jak ja to zrobiłem! I dzięki temu nigdy się nie smuciłem! Wprost przeciwnie!

WSZYSTKO O MARII

Nazwisko

Pewnie już o tym mówiłam, ale na wszelki wypadek powtórzę, że Czubaszek to nie jest moje panieńskie nazwisko. A Maria to nie miało być moje imię. Nie lubię go zresztą.

Rodzice, jeszcze zanim się urodziłam, ustalili, że jeśli będę dziewczynką, to dostanę na imię Alicja.

Niestety, wojna nieco zmieniła plany rodziców. Gdy miałam być chrzczona, trwały naloty i nikt nie palił się do tego, żeby wyjść z bezpiecznego miejsca i pójść do kościoła. W końcu pewna pani zgodziła się zostać moją matką chrzestną, ale pod warunkiem, że na imię dostanę Maria. Rodzice się zgodzili. Niestety. Oczywiście, po chrzcie nikt w domu nie używał mojego prawdziwego imienia. W szkole zresztą też, dopiero przed maturą się okazało, że trzeba będzie poprawiać całą dokumentację, od czasów podstawówki zaczynając.

Mój, niestety, nieżyjący już kolega pisarz i znakomity satyryk Janusz Minkiewicz, kiedy się dowiedział, że ja tak naprawdę nazywam się Alicja Bacz, stwierdził, że to jest idealne imię i nazwisko dla osoby piszącej. Jego zdaniem brzmi to jak pseudonim autorki poczytnych kryminałów. Kryminału jeszcze nie napisałam i pewnie już nie napiszę.

Z obecnym nazwiskiem było tak, że ten „Czubaszek" mi się nie spodobał. Nie tylko on zresztą. Sam Czubaszek również nie był w moim typie. Ale mam zasadę, że nie lubię oceniać ludzi po pierwszym spotkaniu. Dlatego zazwyczaj daję im jeszcze kilka szans, bo może jednak w nich „zasmakuję". Tak właśnie było z moim pierwszym mężem. Od pierwszego wejrzenia mi się nie spodobał. Miałam jednak nadzieję, że się w nim rozsmakuję. Niestety, nie udało się, więc po kilku latach się rozwiedliśmy. Zostało mi po nim tylko to durne nazwisko. A wyszłam za niego, bo poprosił o to...

Potem, niestety, wpadłam z deszczu pod rynnę. Teraz w dowodzie osobistym mam wpisane Czubaszek-Karolak. Jeszcze przed ślubem z moim obecnym (i zapewne już ostatnim) mężem zastanawiałam się, czy nie zmienić nazwiska na jego. Ale gdy mu to powiedziałam, zaczął mnie przekonywać, że nie warto. Ma swoją teorię, że nazwiska kończące się na -ak brzmią fatalnie. No bo jak brzmi na przykład: Panie Karolak – śmieci do wyrzucenia! Albo: Panie Karolak, śniegu napadało i trzeba szybko odgarnąć. No, po prostu jak nazwisko dla dozorcy czy innego ciecia. Czubaszek, jego zdaniem, też nie brzmi najlepiej, ale chyba jednak powoduje lepsze skojarzenia. A ja jestem już za stara, żeby po raz kolejny się rozwodzić i szukać kogoś z fajniejszym nazwiskiem. Zresztą, czasem korzystam z nazwiska Wojtka. Kiedyś miałam słabość do różnych konkursów organizowanych przez stacje telewizyjne i raz nawet nie tylko się dodzwoniłam, ale nawet wygrałam kilka tysięcy złotych. Konkretnie chyba dwa albo trzy, niestety, nie była to żadna fortuna. W każdym razie musiałam podać dane związane z przekazaniem nagrody, a ponieważ byłam już wtedy znana jako autorka tekstów i skeczy, postanowiłam, że użyję nazwiska męża. Wojtek siedział w pokoju obok, ściszyłam głos i szepnęłam do słuchawki: Karolak. Założyłam, że nic nie słyszy. Cóż, myliłam się, i to bardzo. Jakiś czas później przy okazji sprzeczki usłyszałam: Naprawdę sądzisz, że nie wiem, że kiedy robisz jakieś głupoty, to wtedy jesteś pani Karolak?! Nie tylko usłyszał, ale też zapamiętał. Niestety.

Gdybym sama decydowała, to chciałabym mieć na imię Szymon, bo męskie imiona podobają mi się najbardziej. Pewnie dlatego, że wolę mężczyzn od kobiet. Na szczęście.

Dzieciństwo

Z niego najbardziej zapamiętałam dzień wybuchu Powstania Warszawskiego. W pierwszy sierpniowy dzień byłam z babcią na popołudniowym spacerze, gdy nagle zawyły syreny. Nie wiedziałyśmy, o co chodzi, ale na wszelki wypadek szybko wróciłyśmy do domu. Tam od rodziców usłyszałam, że zaczęło się powstanie. Nie rozumiałam, co to znaczy, ale szybko się nauczyłam najważniejszego – gdy zaczynają wyć syreny, to trzeba uciekać do schronu, czyli piwnicy. W sumie się nie bałam, ale też tego nie lubiłam, ponieważ w piwnicy było nie tylko ciemno, ale też duszno, bo siedziało mnóstwo ludzi.

Potem było jednak gorzej. We wrześniu Niemcy popędzili naszą rodzinę razem z tłumem innych warszawiaków do obozu. Szliśmy na stację kolejową między szpalerem żołnierzy z karabinami. Niektórzy próbowali uciekać. Do mężczyzn Niemcy strzelali i robili to zazwyczaj skutecznie. Kobiety miały łatwiej. Na nie i dzieci żołnierze przymykali oko, oczywiście nie za darmo. Zazwyczaj kosztowało to złotą obrączkę, pierścionek albo coś innego z biżuterii. Mama wykupiła mnie i babcię oraz siebie za obrączkę, zegarek oraz złoty łańcuszek z krzyżykiem, który dołożyła babcia. I tak dotarłyśmy do Rawy Mazowieckiej. Ojciec wolał nie ryzykować i w konsekwencji trafił do obozu w Stutthofie.

Pierwsze pieniądze

Pierwsze pieniądze zarobiłam, mając nie więcej niż dziesięć lat. Była to dla mnie najważniejsza lekcja w życiu. Dowiedziałam się, że stosunkowo duże pieniądze można dostać bez większego wysiłku. Niestety, już nigdy później nie udało mi się wykorzystać w praktyce tej cennej wiedzy.

A pierwsze pieniądze zarobiłam... jedząc szpinak. Nigdy nie trafił do mnie argument, że to zielone paskudztwo jest zdrowe. Dlatego babcia płaciła mi równowartość dzisiejszych pięciu złotych za każdy przełknięty kęs.

Zegar

Pierwsze skojarzenie z hasłem „dom rodzinny" to... zegar. Zegary wisiały u nas wszędzie. W każdym pomieszczeniu, łącznie z łazienką i toaletą; w niej na ścianie był zegar... z kukułką.

Zegary były pasją mojego ojca. Z wykształcenia inżynier, pracował w Banku Gospodarstwa Krajowego, a po godzinach dłubał w różnych mechanizmach. Nawet sobie dorabiał, naprawiając zegary ścienne. Kolegom z pracy za darmo naprawiał zegarki.

Mama chyba nie podzielała jego pasji, bo po śmierci taty praktycznie wszystkie zegary wiszące w domu sprzedała. Został jeden – piękny, wielki, stojący, którego mama, na szczęście, nie dała rady wynieść z mieszkania.

Szkoła

Edukację zaczęłam w domu. Codziennie przychodziła do nas pani, która uczyła mnie pisania, czytania i innych przedmiotów. Na szczęście z jednym wyjątkiem; nie było tego koszmarnego wychowania fizycznego. To upiorne przeżycie zaczęło się w normalnej szkole. Bogu dziękuję, że trafiłam do niej dopiero w czwartej klasie. W sumie nie wiem, dlaczego tak się stało, ale naprawdę nie żałuję. Nie tylko z powodu tego WF-u. Po prostu już wtedy nie lubiłam dzieci. Zresztą moja szkolna przygoda zaczęła się od drobnych awantur z rówieśnikami. Cała moja rodzina pochodziła ze Lwowa, ja sama zostałam poczęta we Lwowie i mimo że urodziłam się już w Warszawie, to mówiłam, zaciągając jak lwowianka. No i dzieci się ze mnie śmiały. O co ja miałam pretensję, nie do nich zresztą, a do swoich rodziców.

Do podstawówki na Czerniakowskiej odprowadzała mnie babcia i ona przyprowadzała mnie po zajęciach do domu. Chyba wolałam powroty, bo lekcje śmiertelnie mnie nudziły. Zwłaszcza przedmioty ścisłe, takie jak: matematyka, fizyka czy chemia. Ciekawszy był język polski, ale lektury doprowadzały mnie do pasji. Te wszystkie opowiadania o Janku Muzykancie czy Anielce w ogóle mnie nie wciągały. Mimo że uwielbiam zwierzęta, to nawet *Nasza szkapa* mnie rozczarowała. Wolałam już historie o Indianach. Czytałam więc, już po lekcjach oczywiście, historie o Winnetou itp.

Z czasów szkolnych pamiętam mało. Może dlatego, że im jestem starsza, tym bardziej staram się pamiętać wyłącznie rzeczy miłe. Szkoła ewidentnie do nich nie należała. Już wtedy nauczyciele wydawali mi się przemądrzali, a moi rówieśnicy – dziecinni. Stroniłam od jednych i drugich. Dopiero w liceum to się zmieniło. Trafiłam do koedukacyjnego Batorego, który był właściwie szkołą męską. Koledzy, w przeciwieństwie do koleżanek ze szkoły podstawowej, okazali się całkiem mili. Zawsze byłam towarzyska, ale bez specjalnej przesady, dlatego zaprzyjaźniłam się tylko z trzema osobami. Ale za to, jak mówią, na dobre i na złe. Zwłaszcza na złe, bo wspólnie schodziliśmy na nie najlepszą drogę. Najczęściej, siedząc w parku na ławce, popijaliśmy najtańsze wino i popalaliśmy równie paskudne papierosy bez filtra. Było cudownie.

Szkoła żeńska

To nieszczęście przydarzyło mi się w klasie maturalnej, kiedy z liceum Batorego musiałam się przenieść do żeńskiego imienia Narcyzy Żmichowskiej. Trzydzieści kilka dziewcząt w jednej klasie! Atmosfera była gorsza niż w koszarach!!! Nie śmierdziało, ale bolało.

Jurek Dobrowolski napisał kiedyś piosenkę pod tytułem *Najlepsze są panienki z bardzo dobrych domów*. Niestety, nie miał racji. Nigdy wcześniej ani później nie nasłuchałam się tylu wulgarnych dowcipów, jak w tej szkole, do której chodziły właśnie takie panienki. Po koedukacyjnym, a w rzeczywistości głównie męskim Batorym, po prostu uszy mi więdły!

Prywatki

Prawdziwy koszmar mojej młodości. Naprawdę ich nie cierpiałam, a na paru, niestety, musiałam być. Na każdej tego rodzaju imprezie gospodyni albo jej mama za punkt honoru stawiała sobie przyrządzenie sałatki jarzynowej z majonezem. A ja od dziecka nienawidzę majonezu. Brzydzę się nim. Dlatego w tych swoich tekścikach radiowych często stosowałam porównanie „brzydki jak majonez".

Kiedy byłam młoda, Wojciech Gąssowski śpiewał *Gdzie się podziały tamte prywatki?* Zupełnie nie wiem, gdzie w jego tekście podziały się sałatki z majonezem, które, jako nieodłączony element tych imprez, uprzejmi gospodarze wciskali mi na talerz, a ja je skrzętnie wyrzucałam za tapczan albo do doniczek. Tak pamiętam życie towarzyskie z młodości: gramofon marki Bambino oraz obrzydliwe sałatki.

DOM, RODZINA, RELACJE

Dom

Nie lubię domu jako miejsca do życia, bo absolutnie nie jestem domatorką. W ogóle nie gotuję, nie sprzątam, po prostu dom mnie nie interesuje. Moje marzenie – mieszkać w hotelu. Tam ktoś codziennie ścieliłby mi łóżko, w pokoju nie byłoby żadnych kwiatków, bibelocików, zdjęć „tu mamusia, tu dziadek, tu babcia, tu ciocia srocia...". W domu nie mam nawet zdjęć swoich rodziców, którzy już nie żyją.

Moje pierwsze mieszkanie było bliskie ideału. Niczym pokój hotelowy. Zanim wyszłam za Karolaka, miałam: tapczan, dwa fotele, mały stolik i telewizor. Tam było raptem dwadzieścia sześć metrów kwadratowych, ale bardzo dużo wolnej przestrzeni. I to był najszczęśliwszy okres w moim życiu. Ja i pies. Teraz mieszkam w ponadstumetrowym mieszkaniu i brakuje mi miejsca.

Kiedy poznałam Karolaka miał tylko walizeczkę. Nie ukrywam, szalenie mi się to spodobało, bo nienawidzę gadżetów. Niestety, potem zaczął zwozić je z całego świata. I teraz wszędzie walają się gadżety Karolaka. W mieszkaniu muszę lawirować między kablami, głośnikami, instrumentami muzycznymi, płytami, maskotkami z Amazonii, wypchanym krokodylem, łódką wydłubaną w jednym kawałku drewna przez Indian. Czasem kłócimy się o przedmioty, w które on obrasta, a ja bym większość wyrzuciła, bo uwielbiam puste mieszkania, niestety, a on jeszcze bardziej lubi je zagracać.

Pod jednym dachem

Życie z Karolakiem ma jeden mankament – zawsze jest za mało miejsca dla nas. Z tego powodu trzykrotnie zmienialiśmy mieszkania. Nienawidzę podróżować nawet między dzielnicami Warszawy, a, niestety, z każdym mieszkaniem coraz bardziej oddalałam się od centrum miasta. Nie była to dobra zmiana.

Po rozwodzie z Czubaszkiem mieszkałam w moim ukochanym mieszkanku na skrzyżowaniu Marszałkowskiej i Świętokrzyskiej. Tam na samym rogu stoi punktowiec i w nim miałam swoje dwudziestosześciometrowe mieszkanko. Małe, ale tak urządzone, że było sporo wolnej przestrzeni. Ten luksus skończył się w momencie, gdy poznałam Karolaka. Kiedy on zobaczył to mieszkanie, nie wierzył, że ja tam mieszkam. Powiedzieć, że było ascetyczne, to nic nie powiedzieć. Karolak stwierdził, że zupełnie nie wygląda na mieszkanie kobiety. Było praktycznie bez mebli i tych wszystkich kobiecych pierdółek. Ot, kanapa, dwa fotele i mały stoliczek. Może i dobrze, bo, niestety, wraz z Karolakiem pojawiły się oryginalne organy Hammonda. Kiedy zostały ustawione w jedynym pokoju, dla nas zabrakło miejsca.

A do tego Karolak z każdego wyjazdu przywoził różnego rodzaju pamiątki. Szybko przestaliśmy się mieścić. Pracowałam w przedpokoju, oparta o drzwi wejściowe; przed sobą miałam ustawioną maszynę do pisania i tak wystukiwałam kolejne teksty.

W końcu zaczęłam się starać o większe mieszkanie dla nas. Wtedy Ministerstwo Kultury pomagało załatwić lokale dla tak zwanych twórców. Ale wolnych nie było i należało się uzbroić w cierpliwość. Niestety, góra skarbów przywożonych przez Karolaka z kolejnych koncertów zagranicznych nie przestawała rosnąć. Jeszcze chwila, a gadżety mieszkałyby w mieszkaniu, a my gdzieś pod mostem albo na dworcu. Na szczęście przypomniało mi się, że Janek Pietrzak mieszka w tak zwanym fińskim domku na osiedlu Jazdów. To było prowizoryczne osiedle drewnianych chatek, zbudowanych tuż po wojnie jako tymczasowe lokum dla grupy ludzi zajmujących się odbudową stolicy. Miały stać jakieś pięć lat, ale jak wiadomo prowizorka w tym kraju jest najtrwalszym rozwiązaniem. Skądinąd wiedziałam, że co jakiś czas ludzie wyprowadzają się z tych chatek do lepszych mieszkań. Poprosiłam Pietrzaka, żeby dał znać, jeśli będzie wiedział, że ktoś zwalnia taki domek, bo my naprawdę już się nie mieściliśmy w naszym mieszkanku.

Los się do nas uśmiechnął dość szybko i wkrótce się okazało, że zwolniła się chatka vis-à-vis Pietrzaka. Bez większych problemów udało się pozałatwiać wszystkie formalności i się wprowadziliśmy. Tym razem mieliśmy do dyspozycji aż sześćdziesiąt metrów.

To był fajny czas życia towarzyskiego. Notabene przyjaźniliśmy się wtedy z Pietrzakiem intensywnie, często u siebie bywaliśmy. On był jeszcze z poprzednią żoną, mieli małe dzieci. Jego syn Mikołaj, jak mnie widział, zawsze wołał: O, idzie Marysia od Karolaka. Nie wiem dlaczego, ale zawsze tak mówił. „Marysia od Karolaka".

Ale mieszkanie, nawet w domku stojącym tuż koło sejmu, miało swoje wady. Jestem z tych, którzy urodzili się w Warszawie i kochają miasto. A tam czułam, że mieszkam na wsi. Do tego trzeba było biegać po węgiel i palić w piecu. To nie było dla mnie, zwłaszcza że Karolak często wyjeżdżał. Nie tylko sama musiałam dźwigać węgiel, rozpalać w piecu, ale także znowu zaczęła rosnąć sterta gadżetów przez niego przywożonych.

I w końcu, po długim czasie, dostałam przydział na to mieszkanie, w którym mieszkam. Teraz Górny Mokotów to dobre miejsce, ale miałam wątpliwości, czy da się tu żyć. W okolicy były pola, na których rosła kapusta.

Dostaliśmy mieszkanie w budynku, który wynajmowano głównie cudzoziemcom z ambasad oraz ważnym osobom z partii lub rządu. Nasze konkretnie było po profesorze Tadeuszu Pyce, wicepremierze w rządzie Piotra Jaroszewicza. On miał się wyprowadzić stąd na ulicę Miodową. Tam w którejś z kamienic urządzono mu apartament, i to gigantyczny, bo z dwóch połączonych lokali. To tłumaczy, dlaczego w PRL-u zawsze brakowało mieszkań. Ale przecież pan wicepremier nie mógł dostać nowego mieszkania mniejszego niż to, które opuszczał, a ono miało sto metrów.

Z przeprowadzką był tylko jeden problem. Nikt nie wiedział, kiedy wicepremier raczy się przenieść do nowego lokum. Regularnie dowiadywałam się w administracji, czy mają informację, kiedy on się wyprowadzi. W odpowiedzi zawsze słyszałam, że nikt nie odważy się zapytać tak ważnej osoby o termin zdania kluczy.

W końcu usłyszałam, że rozpoczęła się przeprowadzka. Podobno wicepremiera przenosiła cała specjalna ekipa pracowników oddelegowanych do tego zadania z Urzędu Rady Ministrów. Nikt nie miał pojęcia, kiedy to się skończy. Wiedziałam, które to mieszkanie, więc co jakiś czas przyjeżdżaliśmy tu z Karolakiem wieczorami i sprawdzaliśmy, czy w oknach świecą się światła. Jeśli się paliły, to znaczyło, że przeprowadzka trwa. Aż nagle któregoś wieczoru stał się cud. Patrzymy, a w oknach ciemno. Następnego dnia w administracji wydano mi klucze. Kiedy weszliśmy do mieszkania po raz pierwszy, przeżyłam szok: wszystkie karnisze były powyrywane, w drzwiach nie było klamek. Groza. Zakładam jednak, że zrobił to nie pan premier, a ludzie, którzy go przenosili.

Niedługo po wprowadzeniu okazało się, że nie doceniłam Karolaka. Mieszkanie szybko zaczęło się zapełniać różnymi śmieciami. Przy moim mężu chyba nawet czterysta metrów byłoby za mało, żeby nie utonąć w rupieciach. Ostatnio Artur Andrus, kiedy przyszedł do nas, żeby wspólnie z Wojtkiem pisać książkę, musiał iść przez jego pokój wężykiem, bo tyle tam stoi rupieci i instrumentów.

Kiedy poznałam Karolaka, jego koledzy z występów zagranicznych wracali z workami dolarów. Natomiast on przywoził a to wypchanego krokodyla, a to maski indiańskie. Niestety, Karolak uwielbia takie rzeczy i wszystkie pieniądze na to przeznaczał. No, prawie wszystkie, bo to były również czasy, kiedy sporo pił i zarobione pieniądze „przelewał" w barze na swoje konto. A za to, co zostało, kupował głupoty. Fajne, ale w sumie tylko zagracające mieszkanie. Na jego wyjazdach specjalnie się nie wzbogaciliśmy, ale nie możemy narzekać, że mamy pusto w mieszkaniu.

Relacje rodzinne

Nigdy nie miałam jakichś rodzinnych ciągot. Nie żebym miała złe wspomnienia z dzieciństwa, po prostu nie odczuwam potrzeby bliskości w rodzinie. Kiedyś jedna z cioć zapytała mnie, kim chciałabym być, to powiedziałam bez wahania: Chciałabym się urodzić jako sierotka Marysia. Zobaczyłam jej zdziwiony wzrok i wyjaśniłam: – Ależ ciociu, to oczywiste, dzięki temu nie musiałabym mieć żadnej rodziny. Chyba przestała mnie wtedy lubić. To jednak żadna strata, zwłaszcza jak się nie lubi własnej rodziny.

Jedyną osobą, którą uwielbiałam, była moja babcia. Dalsi krewni już dawno obrazili się na mnie, bo nie utrzymuję z nimi kontaktu. Kiedy z powodu jakiejś niezwykle ważnej sprawy muszę porozmawiać przez telefon z kimś z dalszej rodziny, to włos mi się na grzbiecie jeży, zwłaszcza gdy słyszę stwierdzenie: w końcu trzeba się spotkać i zobaczyć. Wtedy z miejsca trafia mnie szlag. – Nie, nie ma takiej potrzeby! – odpowiadam wyjątkowo chłodno i uprzejmie, a zaraz potem odkładam słuchawkę.

Nie cierpię więzów rodzinnych, dlatego najlepiej, gdy one się rozplątują i nic nas nie łączy.

Siostra

Szczerze mówiąc, na przykład Artur Andrus, z którym nie tylko napisałam dwie książki dla wydawnictwa Prószyński i S-ka, ale od lat pracuję i się przyjaźnię, wydaje mi się bliższy od mojej rodzonej siostry Ewy. Tak naprawdę ona, w przeciwieństwie do Artura, jest dla mnie już zupełnie obcym człowiekiem. Dziś nawet nie pamiętam, czy jest młodsza ode mnie o czternaście czy o dwanaście lat.

Pewnie dlatego z siostrą, która lata temu wyjechała do Australii, w ogóle nie utrzymuję żadnego kontaktu. Mam nadzieję, że ona już na zawsze zostanie tam, gdzie jest, i nigdy nie wróci do Polski. Rodzeństwo szybko może stać się sobie obce. To, że spłodzili nas ci sami ludzie, nie ma żadnego znaczenia. Z Ewą nie mamy wspólnego języka. Zresztą, nigdy nie miałyśmy. Ani też wspólnych tematów do rozmowy, ani podobnego poczucia humoru. A to jest o wiele istotniejsze w relacjach międzyludzkich niż wspólna pula genów. Dlatego lepiej mi się przebywa w towarzystwie Artura Andrusa czy Andrzeja Poniedzielskiego. Tak naprawdę to po prostu nigdy jej nie lubiłam.

Ewa się urodziła, gdy miałam dwanaście lat i już wtedy nie lubiłam dzieci. Nawet z rówieśnikami nie miałam dobrego kontaktu, więc co mogłam powiedzieć, jak zobaczyłam małe płaczące nie wiadomo co. Może gdyby była chłopcem, to jeszcze jakoś godnie zniosłabym, że mam młodsze rodzeństwo. Ale dziewczynka?! Nie!

Gdy dorosła, stałam się o nią zazdrosna. Ewka zawsze była typem dobrego dziecka. Taką córką, o jakiej marzą rodzice.

Znakomicie opanowała sztukę przewracania oczkami czy powtarzania mamie, jak to bardzo ją kocha. Ja byłam ta gorsza, robiłam awantury. Po prostu zła córka, którą matka potrafiła, nawet już jako dorosłą kobietę, spoliczkować na ulicy przy znajomych tylko dlatego, że zrobiła coś, co jej zdaniem było złe czy niestosowne. Albo wyrzucić z domu za ufarbowanie włosów.

A skończyło się tak, że w ostatnich latach życia naszej matki to ja musiałam się nią opiekować. Siostra zupełnie nie interesowała się tym, co się z nią dzieje. Była zbyt zajęta spełnianiem swoich marzeń z dzieciństwa. Rozpuszczony bachor.

Całe życie chciała wyjść dobrze za mąż i wyjechać z Polski. Najpierw trafiła do Paryża. Ale rozwiodła się i już po powrocie do Warszawy samotnie urodziła dziecko. Matka mnie błagała, żeby nikomu nie mówić, że Ewka się rozwiodła, bo przecież to tak źle brzmi, a ona jest taką porządną dziewczyną. Czyli co, rozwodzą się tylko tacy nieporządni jak ja?

Siostra zresztą szybko złapała kolejną szansę. Tym razem za mężem wyemigrowała do Australii. W tej chwili ma chyba jakiegoś Włocha.

W pewnym momencie nawet zaprosiła naszą mamę do siebie. Ale mamie chyba musiało być tam źle, bo po kilku tygodniach mieszkania w bajkowym domku w Adelajdzie wróciła do Polski. Potem siostra jeszcze raz przyjechała do kraju. Nawet się spotkałyśmy, bo zaprosiłam ją na kolację. Chciałam wyjaśnić kilka spraw, porozmawiać. Ale nie było miło, powiedziałam o kilka zdań za dużo, pokłóciłyśmy się. Ewka wybiegła, trzaskając drzwiami. I to był ostatni raz, kiedy ją widziałam. To, że się do mnie nie odzywa, jestem w stanie zrozumieć. Naprawdę nie musimy utrzymywać kontaktów. Ale nie mogę jej wybaczyć, że zerwała też kontakt z mamą. A wiem, że mama dosłownie siedziała w oknie, czekając na choć krótki list. Do śmierci nie dostała żadnej wiadomości od młodszej córki. Nawet głupiej kartki świątecznej czy urodzinowej. Może właśnie dlatego zwątpiłam w sens istnienia związków rodzinnych?

Kolejki, czyli „Ja postoję"

Spotkaliśmy się w restauracji. Między karpiem z dorsza a kotlecikiem z ziemniaków. Maria spytała:

– Jerzy... wolałbyś być moim pierwszym mężem czy drugim?

– Najbardziej – wyrecytowałem z pamięci – chciałbym być twoim pierwszym, a jednocześnie ostatnim!

– To by każdy chciał najbardziej! – zauważyła trzeźwo. (Kiedy je, nigdy nie pije). – Ale gdybyś mógł być albo pierwszym – wracała do tematu z pijackim uporem trzeźwej kobiety, co jest chyba najgorsze... – gdybyś mógł być albo pierwszym, albo drugim, którym wolałbyś być?

– Drugim.

– Dlaczego?

– Bo skoro miałabyś wyjść za mąż po raz drugi – dałem się jak głupi wciągnąć w temat – to znaczy, że z pierwszym mężem musiałabyś się rozwieść. A ponieważ nigdy nie chciałbym się z tobą rozwieść, jasne, że wolałbym być drugim!

– Z drugim też można się rozwieść! – pocieszyła mnie i zaraz dodała: – Poza tym, gdybyś miał być głupszy od pierwszego, to i tak bym za ciebie nie wyszła! A musiałbyś być głupszy, niestety!

– Dlaczego?

– Bo zawsze mądrzejszy ustępuje głupszemu.

– Wiem, ale...

– Ale to logiczne! – przerwała mi. – Skoro mądrzejszy ustępuje głupszemu, to znaczy, że następujący jest zawsze głupszy od ustępującego. A zatem drugi mąż jest głupszy od pierwszego.

Wprawdzie nie byłem jeszcze tym drugim, ale zaoponowałem.

– Nie chcę słuchać twoich argumentów – przerwała – bo i tak mam rację! Dam ci zresztą przykład. Mój siostrzeniec był pierwszym mężem drugiej żony trzeciego narzeczonego...

– Czyjego? – spytałem z grzeczności.

– Mojego. Ale nieważne. Najważniejsze, że swego czasu się ożenił. Małżeństwo, wbrew pozorom, było nawet przez jakiś czas udane. Ale po dwóch tygodniach zaczęło się coś psuć...

– Wcześnie dosyć!

– Lepiej wcześnie niż późno! – zauważyła nie bez racji. – No więc po dwóch tygodniach zaczęło się coś psuć. Ona wracała coraz wcześniej do domu... nierzadko pierwszym autobusem, o czwartej rano...

– Lepiej wcześnie niż późno! – zacytowałem.

– Są różne szkoły na ten temat! – ucięła dyskusję. – No więc żona mego siostrzeńca wracała coraz wcześniej. On z kolei zaczął wracać coraz później. Nierzadko dopiero o dwunastej w południe.

– Lepiej późno niż wcale! – zażartowałem, ale chyba nie kupiła żartu, bo ciągnęła poważnie:

– Pozornie! Bo gdy żona nie wróciła kiedyś w ogóle, siostrzeńcowi wypadało już zareagować. I odszukał ją. U pewnego inżyniera. Alkoholika. Przeprowadził z nim męską rozmowę.

– Podobno – wpadłem jej w zdanie – najlepszą zemstą na mężczyźnie, który uwiódł nam żonę, jest kazać mu się z nią ożenić!

– Nieśmieszne – żachnęła się – ale za to nieżyciowe! Gdyby mój siostrzeniec był mściwy, wyszedłby na tym gorzej niż lepiej!

– Dlaczego?

– Bo inżynier alkoholik, żeby móc ożenić się z żoną mojego siostrzeńca, musiałby się najpierw rozwieść ze swoją żoną.

A gdyby z nią się rozwiódł, mój siostrzeniec z kolei musiałby się z nią ożenić!

– Dlaczego? – Zacząłem w tym się gubić lekko...

– Dlatego – Maria tłumaczyła jak dziecku – że żona inżyniera alkoholika była narzeczoną mego siostrzeńca. No więc gdyby jej mąż, czyli inżynier alkoholik, rozwiódł się z nią, żeby się ożenić z żoną mego siostrzeńca, mój siostrzeniec, będąc gentlemanem, musiałby się z nią ożenić. Każdy kij ma dwa końce, niestety!

Przytłoczony tym wszystkim, bez słowa zabrałem się do karpia z dorsza. Nagle Maria zauważyła ze smutkiem:

– I dlatego najgorzej, kiedy się spotka dwóch mądrych!

Wyraziłem przypuszczenie, że może być gorzej, kiedy się spotka dwóch głupich.

– Pozornie. Kiedy się spotka dwóch głupich, żaden nie ustąpi i obaj zostaną. Natomiast kiedy się spotka dwóch mądrych, obaj ustąpią i kobieta zostanie na lodzie. No to – wróciła do pytania, o którym dawno zapomniałem – chciałbyś być moim pierwszym mężem czy drugim?

Nie chcąc być głupszym, niż na to wyglądam, ustąpiłem miejsca obok Marii jakiemuś starszemu panu.

Dziękuję. Ja postoję. Mam doświadczenie z kolejek.

MIŁOŚĆ, ZWIĄZKI, ROZSTANIA

Romantyzm

Chyba nie ma we mnie krztyny romantyzmu; żadne spacery przy zachodzącym słońcu po nadmorskiej plaży. Wolę swój fotel, papierosa i telewizor. Kiedy słyszałam propozycje spędzenia wieczoru przy świecach, to zawsze się zastanawiałam, czy zapraszającemu po prostu akurat nie wyłączyli prądu, ponieważ zapomniał zapłacić rachunków. Bo romantyczne bywają głównie komedie. Których też zresztą nie lubię. Tak naprawdę to lubię chodzić po ziemi, a jeśli bujać w obłokach, to tylko siedząc w samolocie.

Gdy myślę „romantyzm", to od razu przychodzi mi do głowy scena z *Nocy i dni*, ta, w której Józef Toliboski w białym garniturze wchodzi do jeziora i zbiera nenufary dla Barbary. Gdyby jakikolwiek mężczyzna starający się o moje względy wlazł w eleganckim garniturze do wody, nieważne, czy przyniósłby mi z niej moje ukochane perfumy, kwiaty czy rybę – z miejsca byłby u mnie skreślony! Co do Karolaka to wiem, że on do takiego bajora nigdy by nie wszedł, bo lubi być ładnie ubrany.

Z romantycznymi panami w swoim życiu na szczęście nigdy się nie spotkałam. Ani Czubaszek, ani Karolak na mój widok nawet nie próbowali się rzucać na kolana.

Wojtek w czasach PRL-u, kiedy żony muzyków czekały na walizki dolarów przywożone przez mężów z zagranicznych koncertów, przywoził mi... maski indiańskie. Nie było to romantyczne, ale jednak oryginalne i całkiem miłe. Chociaż w tamtych czasach wolałam walizkę pełną pieniędzy. Dzisiaj pewnie zresztą też bym wolała. Wydaje mi się, że w obecnych czasach większość normalnych kobiet zdecydowanie bardziej chciałaby, żeby ich mąż, zamiast wejść do jeziora w ubraniu, aby narwać trochę zielska, wszedł do zarządu spółki czy rady nadzorczej i przyniósł dobre pieniądze.

Pierwsze małżeństwo

To była dla mnie bardzo ważna lekcja w życiu. Okazało się, że absolutnie nie jestem dobrym materiałem na żonę. Przy okazji nauczyłam się tego, że jeśli przed ślubem kogoś się nie kocha, to potem wcale nie będzie lepiej. Lepiej być samą niż z byle kim.

Pierwsze małżeństwo było przypadkiem. Po kolejnej scysji z mamą (poszło o to, że ufarbowałam włosy), zostałam wyrzucona z domu. Nie miałam ochoty wracać i się przed nią ukorzyć, dlatego poszłam do Czubaszka, którego znałam z uczelni.

To nie była żadna miłość. Szczerze mówiąc, nawet za nim nie przepadałam, ale sobie wykombinowałam, że będę mogła trochę pomieszkać w jego domu na przedmieściach Warszawy. Rzeczywiście pomógł. Swojej mamie powiedział, że przyjechałam z Krakowa, na studia, ale nie dostałam akademika. A jak to w Polsce bywa, prowizorka okazała się najtrwalszym rozwiązaniem.

Kiedy wprowadziłam się do Czubaszka, zamieszkałam z jego matką w pokoju. On swoje łóżko polowe miał w innym. Nie było to wygodne rozwiązanie. Kilka miesięcy później się okazało, że młode małżeństwa mogą dostać własne mieszkania, potrzebny był tylko akt ślubu i podanie. I Czubaszek zaproponował, że skoro już razem mieszkamy, to może się pobierzemy i postaramy o mieszkanie. Zgodziłam się. Choć małżeństwo nie jest dobrym pomysłem, kiedy człowiek wchodzi do urzędu stanu cywilnego z myślą: No, w razie czego są rozwody. I tak za Czubaszka wyszłam nie z miłości, ale dla dachu nad głową.

Musiałam całkiem stracić kontakt z rozumem. Zwłaszcza że już wtedy świetnie wiedziałam, że Czubaszek ma zdecydowanie więcej wad niż zalet. Mówiąc wprost, był beznadziejny. Nie dość, że całe życie się uczył, to jeszcze miał absolutnego świra na punkcie sportu. A ja nigdy nie przepadałam za nauką, a bardziej mierził mnie tylko sport. Do tego Czubaszek absolutnie nie potrafił się bawić i, niestety, zupełnie, ale to zupełnie nie potrafił pić.

Kiedyś chciałam urządzić dla kolegów z radia imprezę, nie miałam czasu sama wszystkiego przygotować, więc poprosiłam go: Kup alkohol. I co on zrobił? Kupił... słodkie wino. Ale mi wtedy wstydu przed kolegami narobił!

Po ślubie, kiedy jeszcze mieszkaliśmy z teściową, już było źle. Byłam właściwie pewna, że nic z tego nie będzie. Nie wiem, czemu się łudziłam, że bez teściowej, za to we własnym mieszkaniu, coś się poprawi. Niestety, było coraz gorzej.

Ponoć przeciwieństwa się przyciągają, ale u nas to działało odwrotnie. Z każdym dniem oddalaliśmy się od siebie bardziej. Czubaszek był absolutnie moim przeciwieństwem, osobą zupełnie nie dla mnie i nie wiem, jak i dlaczego wytrzymałam z nim kilka lat.

Rozwód

Ponoć prawdziwej miłości nie zaszkodzi nawet małżeństwo. Niestety, z Czubaszkiem było małżeństwo bez miłości i dlatego już przed ślubem myślałam o ewentualnym rozwodzie. Ten związek naprawdę mi przeszkadzał w życiu, zwłaszcza towarzyskim. Żeby ostatecznie się rozwieść, musiałam odegrać scenę zdrady. Czasem lepiej się rozstać, niż żyć długo i nieszczęśliwie, kiedy coś się psuje...

Może gdybym trochę popracowała nad Czubaszkiem, to dalej bylibyśmy małżeństwem. Ale ja nigdy nie miałam zdolności wychowawczych. Po prostu. Mieszkaliśmy razem i obserwowałam, jaki on jest; w końcu doszłam do wniosku, że dla mnie on jest nie do przyjęcia.

Zresztą nawet gdybym miała jakiekolwiek zdolności pedagogiczne, to nie wiem, czy to cokolwiek zmieniłoby w mojej sytuacji. Bo, jak mówią bardziej doświadczone kobiety, mężczyzn można zmieniać jak rękawiczki, ale mężczyzny zmienić nie można. Z drania nie zrobisz anioła, z mięczaka twardziela, a z faceta typu macho pantoflarza. Mężczyzna jest, jaki jest i nie ma co przy nim majstrować. Naprawiać, to można zepsuty odkurzacz. Choć też czasem lepiej kupić nowy. Im szybciej kobieta to zrozumie, tym lepiej dla niej. Mnie zajęło to o kilka lat za dużo.

A wszystko zaczęło się od tego, że niedługo po ślubie z Czubaszkiem zaczęłam pracować w radiu i poznałam tam naprawdę ciekawych ludzi. Po pracy lubiliśmy pójść do SPATiF-u, żeby pogadać i wypić kilka kieliszków wódki. A Czubaszek tego nie lubił. Proponowałam mu, żeby poszedł ze mną, ale nie miał ochoty. Chciał tylko, żebym już o dwudziestej trzeciej była w domu. Moja matka powtarzała, że panience nie uchodzi wracać później iż o godzinie dwudziestej drugiej, on, że mężatce później niż o dwudziestej trzeciej. Ta dodatkowa godzina wolności nie przekonała mnie do kontynuowania małżeństwa.

Tym bardziej że Czubaszek próbował również narzucić mi zdrowy tryb życia: poranną gimnastykę albo przebieżkę, przynajmniej raz w tygodniu basen. Może nawet zniosłabym to jakoś, ale on domagał się, żebym ograniczyła albo jeszcze lepiej całkiem rzuciła palenie. Muszę dodać, że wtedy paliłam naprawdę niedużo, coś koło paczki dziennie. I nie wiem, kiedy mu zaczęły przeszkadzać moje papierosy. Albo przed ślubem nie zauważył, że palę, albo zaczęło mu to przeszkadzać dopiero po ślubie. Stawiam na to drugie. Fakt, nie kazał mi wybierać papierosy albo on, ale pewnie tylko dlatego, że zadziałał jego instynkt samozachowawczy. Gdyby postawił takie ultimatum, bez wahania wybrałabym papierosy. Zatem pewnie z tego powodu nie stawiał sprawy na ostrzu noża. Ale mnie i tak otwierał się nóż w kieszeni, kiedy marudził, żebym paliła mniej.

W końcu po kilku latach spędzonych razem, ale osobno, zaproponowałam rozwód. On propozycję przyjął bez entuzjazmu. Chyba przerażały go procedury związane z samym rozwodem i późniejszym podziałem majątku. Zdesperowana, żeby zmusić Czubaszka do podjęcia ostatecznej decyzji, namówiłam kolegę do odegrania niedwuznacznej scenki. Mieliśmy być kochankami przyłapanymi w sypialni.

Wiedziałam, kiedy Czubaszek wraca do domu po pracy, przygotowaliśmy więc wszystko tak, żeby wyglądało, że nas zaskoczył. Leżałam z kolegą na tapczanie, oboje tacy lekko rozchełstani, pościel rozrzucona. Nawet głupi zrozumiałaby, co tu się działo przed chwilą. On wszedł, popatrzył. Nic.

– Przepraszam – bąknął w końcu i się wycofał z pokoju.

Nie wrócił. W końcu kolega się ubrał i też sobie poszedł. Zapukałam wtedy do drzwi pokoju Czubaszka, oznajmiając, że chcę porozmawiać. Usłyszałam, że możemy, ale później, bo teraz on pracuje. Rzeczywiście siedział przy biurku i coś tam skrobał. Nie wierzyłam własnym oczom i uszom. Do sprawy wróciłam następnego dnia rano.

– To coś poważnego? – zapytał, mając na myśli kolegę i mnie.

Gdy potwierdziłam, powiedział, żebym zajęła się rozwodem i spokojnie, jak gdyby nigdy nic, wyszedł do pracy.

Szczerze mówiąc, byłam pewna, że wszystko pójdzie szybko. Ot, powiem sądowi, że mąż nigdy mi się nie podobał, bo nie był w moim typie, i będzie po sprawie. W sądzie na korytarzu zobaczyłam ze zdziwieniem, że Czubaszek, choć na rozwód się zgodził, przyszedł z adwokatem. Trochę mnie to zmartwiło, ale bardziej rozśmieszyło. Zwłaszcza że wcześniej powiedziałam mu, że może brać wszystko, co chce. I zabrał, nawet wszystkie sztućce. A na koniec musiałam zapłacić za usługi jego adwokata. Cóż, wolność kosztuje. Choć płacąc, liczyłam, że już nigdy nie spotkam Czubaszka. Niestety, pojawił się w moim życiu po niespełna sześciu miesiącach, bo chciał też mieszkanie, które mi przypadło.

Kilka lat temu, już całe wieki po rozwodzie, zadzwonił do mnie kolega, z którym kiedyś pracowałam w radiu. Trudno było zrozumieć, o co mu chodzi. Coś dukał ponurym głosem, w końcu stwierdził, że nie umie składać kondolencji. Trochę się zdziwiłam.

– Ale co się stało?

– Jak to? Ty nic nie wiesz? Nie widziałaś nekrologów? Wiesiek Czubaszek zmarł.

No cóż, każdy w końcu umiera. To chyba była moja jedyna refleksja związana z tą informacją. Na pogrzeb nie poszłam. Czy to normalne? Nie wiem. Ale dobrze mi z tym, że postąpiłam tak, a nie inaczej.

Po szczęśliwym rozwodzie (szkoda, że wtedy nie było, jak dziś, organizowanych z tej okazji imprez) postanowiłam już nigdy więcej nie wychodzić za mąż. Wierzyłam, że ludzie mogą się kochać nawet mimo ślubu... Ale jak długo? Jakkolwiek by na to patrzeć, przyczyną każdego rozwodu jest małżeństwo. Co gorsza, im dłuższe i szczęśliwsze, tym rozwód boleśniejszy. Z drugiej strony, każdy rozwód to także szansa na kolejne małżeństwo. Jego i jej. Bo zawsze powtarzam, że kto raz połknie bakcyla małżeństwa, tego nierzadko ciągnie do następnego. Jak mu się zdaje lepszego. Choćby dlatego że uczymy się na błędach. W końcu i ja, jak każda kobieta, zrezygnowałam z tego racjonalnego (i jakkolwiek by patrzeć sensownego) pomysłu, jakim jest spokojne samotne życie, i ponownie wyszłam za mąż. Tym razem jednak do dziś nie wróciłam z tej drogi, ale to już jest zupełnie inna historia.

DIALOG

Rudy spotyka mężczyznę. Z kopytkami zresztą. I nawiązuje z nim dialog:

- Przepraszam... pan jest diabłem?

- Wprost przeciwnie.

- Acha. No więc tak przypuszczałem. Tylko nie rozumiem. Czy to znaczy, że jest pan aniołem?

- Od czasu do czasu. Zdaniem mojej osobistej narzeczonej. Nie wykluczone na przykład, że dzisiaj, kiedy zobaczy mnie z kopytkami, powie, że jestem aniołem. Ona jest dosyć egzaltowana, niestety.

- To też. Ale poza tym jest niezorientowana. Jeżeli dobrze pamiętam, ze szkoły zresztą, to z kopytkami jest diabeł.

- To zależy.

- Od czego?

- Od kopytek.

- Acha. Nie rozumiem.

- Po prostu. Są kopytka i kopytka. Za moją osobistą narzeczoną od paru dni chodzą kopytka polane margaryną jak masłem. I jeśli dzisiaj zobaczy mnie z tymi kopytkami...

- Przepraszam... a skąd u pana te kopytka?

- Z baru.

- Widzi pan! A ja myślałem, że z natury.

- Ciekawa jest natura w swoich przejawach, ale bez przepychu. Widział pan człowieka, który by z natury miał kopytka? W dodatku polane margaryną jak masłem? Widział pan?!

- Nie właśnie! I dlatego, kiedy zobaczyłem pana, to się lekko zdziwiłem. No, ale skoro to nie są kopytka z natury, tylko z baru...

- Na wynos zresztą. Może pan spróbuje?

- Dziękuję. Nic jeszcze dzisiaj nie jadłem, a jedzenie na czczo mi szkodzi. Przepraszam... a skąd ten ogonek?

- Ze ~~[illegible]~~ Sklepu.

- Taki zakręcony?

- Bo po ~~koszyczki~~ mięso.

- Acha. A skąd rogi?

- Z chusteczki. Haftowanej.

- Co ma 4 rogi. Rozumiem. Ale skąd widły?

- Z igły. Znalazłem ją swego czasu w stogu siana.

- To pogratulować wzroku!

- Dziękuję. Istotnie mam nie najgorszy. Ale bez przepychu. O! Widzi pan np. tego wróbla, który tam siedzi?

- Gdzie?

- Na tym najbliższym drzewie. Widzi pan?

- Oczywiście!

- A ja go nie widzę.

- Jak to?!?

- Tak to. Mówiłem, że wzrok mam nie najgorszy, ale bez przepychu, niestety.

- W takim razie, skąd pan wie, że na tym drzewie siedzi wróbel?

- Stąd, że prawie na każdym drzewie jest wróbel,

a kiedy jest, to nie leży, tylko siedzi. A propos... dlaczego rozmawiamy na stojąco? Lepiej usiąść!

- Na drzewie?

● Chociażby! Lepiej siedzieć na drzewie niż na kamieniu. Wilka można złapać. To co? Skoczymy?

- Na pochyłe drzewo tylko kozy skaczą.

● No właśnie!

-Nie rozumiem!

● A pan... przepraszam... nie jest kozą?

- Zaskoczę pana, ale nie.

● Poważnie?

- Poważnie. A jestem podobny do kozy?

● Nic właśnie! Ale myślałem, że to dla niepoznaki.

- Co?

● To łudzące niepodobieństwo do kozy. Pomyślałem, że pan się specjalnie tak ucharakteryzował, żebym nie poznał, że pan jest kozą.

- Ale po co bym to robił?!

● Dla hecy. Żeby zrobić ze mnie idiotę, który dialoguje z kozą.

- Przykro mi, że pana rozczarowałem.

● Może to akurat i lepiej, że nie wyszedłem na idiotę... Ale w takim razie, co z naszego dialogu wynika?

- Nic. Absolutnie nic. I to jest najlepszy dowód.

● Na co?

- Na to, że bywają dialogi, z których [absolutnie] nic nie wynika, niestety. ~~ale zawsze trzeba próbować.~~

Miłość

Kiedy byłam młoda, zdarzało mi się zakochiwać i tracić kontakt z rozumem. Na szczęście zazwyczaj już po dwóch, trzech tygodniach wszystko wracało do normy. Ten stan ducha (dla niektórych także fizjologiczny, bo podobno lęgną się im motyle w brzuchu), moim zdaniem, jest mocno przereklamowany, podobnie zresztą jak seks. Absolutnie zgadzam się z zasłyszaną gdzieś tezą, że „mężczyzna potrzebny jest kobiecie jak rybie narty".

Mówię tak, chociaż sama mam męża i biorąc pod uwagę mój wiek, zapewne będzie to już ostatni. I uważam, że powinniśmy się kochać, bo inaczej byśmy się pozabijali. Choć do miłości nie zawsze jest potrzebna druga osoba w pobliżu. Czasem nawet jest lepiej, gdy jej nie ma w okolicy.

Miłość to jedyny powód, dla którego z Karolakiem jesteśmy razem już ponad trzydzieści lat. I muszę przyznać, że Karolak jest fajny; oczywiście, ma przy tym mnóstwo wad. Pewnie dlatego też najlepiej się czujemy, kiedy jesteśmy sami. Nie jesteśmy jak papużki nierozłączki.

Dawno temu, kiedy Karolak wyjeżdżał na kontrakty zagraniczne, znajomi wydzwaniali, żeby mnie wyciągnąć z domu na obiad albo zaprosić do teatru, bo uważali, że skoro ja taka sama siedzę, to muszę być strasznie nieszczęśliwa. Pewnie myśleli, że ja siedzę, palce i pięty obgryzam i czekam, kiedy ten Karolak wróci. A ja bardzo dobrze się czułam pod jego nieobecność. I tak jest nadal. Mijamy się w domu, bo chodzimy spać o różnych porach. A w tygodniu raz ja wyjeżdżam na spotkania, a raz on na koncerty. Choć mieszkamy razem, potrafimy się rzadko widywać.

Pamiętam swoich rodziców, którzy razem wychodzili na ósmą do pracy, razem pracowali, razem wracali, razem jedli obiad, kolację itd. Przecież byśmy się z Karolakiem pozabijali! To, jak żyjemy, nam odpowiada i dzięki temu jesteśmy tyle lat razem. A zatem kochajmy się; najlepiej w pewnej odległości od siebie.

Większość moich znajomych, zwłaszcza tych zamężnych, ma mi za złe, że czasem bagatelizuję instytucję małżeństwa. A to nieprawda. Sama, choć już blisko czterdzieści lat temu, tuż po ślubie, napisałam piosenkę *Wyszłam za mąż, zaraz wracam* (może nawet jeszcze prędzej, bo w małżeństwie ja się raczej nie zagnieżdżę), a zagnieździłam się na dobre (i złe) i chyba już nie wrócę. Bo wprawdzie to już nie te czasy, kiedy sensem życia kobiety był mąż, uważam jednak, że małżeństwo nadal ma swoje zalety. Nawet, a w niektórych przypadkach zwłaszcza, małżeństwo nieudane. Jak na przykład byłej modelki Heather Mills i eksbeatlesa Paula McCartneya. Otóż za kilka lat tego związku Heather otrzyma od swego byłego męża około siedemdziesięciu czterech milionów euro. I dlatego śmiem twierdzić, że nawet nieudane małżeństwo ma swoje zalety.

Pod warunkiem, oczywiście, że wyjdzie się za odpowiedniego mężczyznę.

KAROLAK Wojciech

Pierwszy raz Karolaka zobaczyłam na parapecie w mieszkaniu Andrzeja Dąbrowskiego. Był cholernie przystojny, ale był też muzykiem, i to jazzowym. Niestety. Nie żebym nie lubiła jazzu, wolę go nawet od disco polo. Tylko że jazzmani mało zarabiają.

Kiedy się poznaliśmy, nie wiedziałam o tym, ale nie sądziłam również, że kiedykolwiek wyjdę za Karolaka. Nic tego nie zapowiadało, nie było żadnego pioruna, który by mnie trafił. Dziś jesteśmy razem już ponad trzydzieści lat; sądzę, że to całkiem sporo jak na połączenie dwóch tak skrajnie różnych charakterów. Poza Karolakiem jedyny mężczyzna, z którym wyobrażałabym sobie życie, to Woody Allen. Niestety, nigdy nie pojawił się od niego żaden sygnał. Poza tym słabo znam angielski, więc pewnie byśmy się nie dogadali.

Kiedy pierwszy raz zobaczyłam Karolaka, muszę to przyznać szczerze, zrobił na mnie wrażenie: pukle włosów do ramion, dżinsowy garniturek. Choć gdy się dowiedziałam, że jest żonaty, szybko odzyskałam kontakt z rozumem. Bo na początku w ogóle nie wiedziałam, że mam przed sobą Karolaka.

Słyszałam o nim zresztą znacznie wcześniej, niż go zobaczyłam. Mój radiowy kolega Andrzej Dąbrowski wielokrotnie mi opowiadał, że ma niezwykle utalentowanego znajomego, bardzo zdolnego muzyka. Gdy usłyszałam to ostatnie zdanie, uszy stanęły mi jak u zająca. Bo ja bardzo lubię utalentowanych ludzi. I rzeczywiście, kiedy już się poznaliśmy z Karolakiem, to fajnie się rozmawiało. Ale żebym przeżyła jakiś szał uniesień; co to, to nie. Zresztą, zachwycić to ja się mogę, na przykład, kiedy zobaczę jakiegoś małego szczeniaka. No, wtedy po prostu dostaję bzika. Człowiek jeszcze nigdy nie wywołał u mnie takich reakcji. Nawet Karolak.

Tak w ogóle, to niewiele brakowało, żebym go nie poznała. Bo kiedy dostałam zaproszenie na imieniny Małgosi Dąbrowskiej, nie bardzo miałam ochotę iść. Nie bardzo lubię imprezy towarzyskie. To, że się wybrałam, właściwie zawdzięczam mojej siostrze. To, że sprawiła, że spotkałam się z Karolakiem, jest jedną z niewielu dobrych rzeczy, które dla mnie zrobiła.

Była wtedy po rozwodzie i miała parcie na wszelkiego rodzaju imprezy. Dla świętego spokoju wybrałam się na te imieniny, żeby mogła tam ze mną pójść.

Andrzej mieszkał przy placu Zbawiciela. Miał tak urządzone mieszkanie, że wchodząc, od razu trafiało się do kuchni. A tam na parapecie akurat urzędował Karolak. Z kim mam do czynienia, stało się jasne dopiero wówczas, gdy Andrzej Dąbrowski powiedział: Słuchaj, to jest właśnie Wojciech Karolak.

Pogadaliśmy, wypiliśmy. Nawet wymieniliśmy się numerami telefonów domowych, bo innych nie było. Poza służbowymi na biurkach w pracy.

Nie wierzyłam jednak, że coś więcej z tego będzie. Chyba nawet nie miałam takiej potrzeby.

A jednak już następnego dnia spotkaliśmy się przy Myśliwieckiej w radiowej Trójce, gdzie wtedy pracowałam. Nie, nie umawialiśmy się. Karolak przyszedł odwiedzić Dąbrowskiego w sprawie piosenki. Andrzej zamówił u niego muzykę i zastanawiali się, kto im napisze tekst. Padło na mnie. Długo się opierałam, bo przecież byłam tylko autorką słuchowisk, a piosenek pisać nie potrafiłam. Ale Dąbrowski nalegał i w końcu się zgodziłam.

Jeszcze tego samego dnia zakasałam rękawy i ze sporą tremą zabrałam się do pisania. Szło jak po grudzie. Przy pisaniu osiemnastu wersów wypaliłam z półtorej paczki papierosów, ale już nad ranem piosenka była gotowa. Wtedy jeszcze nie wiedziałam, że papierosy są bardzo inspirujące; Wisława Szymborska powiedziała, że jej najlepsze wiersze powstały w oparach dymu tytoniowego. Moje rymy nie są tak dobre jak jej. Ale papierosy na pewno pomogły w ich powstaniu.

Kiedy skończyłam i przeczytałam, obiecałam sobie, że będzie to pierwsza i ostania moja piosenka. Nie udało się, bo Karolak często komponował muzykę dla znanych i świetnych artystów. Zazwyczaj gdy miał muzykę, a brakowało tekstu, to widząc, że krzątam się po domu, prosił, żeby mu coś napisać. I robiłam to. Ale nigdy nie uważałam się za dobrą autorkę tekstów.

Notabene *Byle jak* było dla mnie nie tylko debiutem w nowej roli, ale także stało się pierwszą przyczyną krytyki moich utworów ze strony słuchaczy. Jakaś pani napisała do redakcji Trójki, że nie powinnam się brać do pisania, zwłaszcza piosenek, bo zupełnie się nie znam na miłości. Najwięcej żalu miała o stwierdzenie, że „kochać można byle jak i byle kogo". Mam wrażenie, że nie dosłuchała piosenki do końca, bo na końcu jest tak, jak powinno być:

A ja właśnie ciebie wymyśliłem na miłość swą
I boję się wciąż dnia,
Dnia, w którym kochać bym cię miał
Też byle jak,
Byle jak.

Ale może rzeczywiście nie znam się na miłości? To tłumaczyłoby awantury, które towarzyszyły początkom naszej znajomości z Karolakiem. Kiedyś tak się na niego zdenerwowałam, że połamałam mu kości. A wszystko dlatego, że sobie wymyśliłam, że jest kobieciarzem. Siedziałam wkurzona na kanapie, a on chciał mnie jakoś ułagodzić, nachylił się, więc go kopnęłam. Poszły dwa żebra. Wtedy żałowałam, że tylko dwa. To może wydawać się dziwne, ale jemu cała ta sytuacja się spodobała. Jak twierdził, lubi kobiety z charakterem.

Mnie było trochę głupio, że tak się zachowałam. To wydarzyło się dlatego, że po prostu brakuje mi intuicji w sprawie mężczyzn. Bo gdybym ją miała, to w życiu nie wyszłabym za Czubaszka, bo wiedziałabym, że skoro przed ślubem nie był w moim typie, to i po ślubie nie będzie.

W kwestii Karolaka intuicja też mi nic nie podpowiadała. Skoro jednak nie jadamy razem, nie sypiamy razem, a jesteśmy już tyle lat ze sobą, to chyba razem jest nam po prostu dobrze. Może nasze małżeństwo przetrwało tyle właśnie dlatego, że się mijamy w życiu? Są też rzeczy, które nas łączą: poczucie humoru, dystans do siebie. Nie wyobrażam sobie życia z kimś innym. Karolak tak samo. I nie mówi tak wcale dlatego, że nadal jestem w stanie połamać mu kilka żeber.

Gdzie masz piętę

(Tekst dla Wojtka na melodię *Rodziny* Wasowskiego)

Nie trzeba jak Pablo Picasso malować,
By piętę mieć czasem tam, gdzie bywa głowa!
Bo każdy najczęściej punkt słaby swój ma...
Achilles miał piętę. A gdzie pięta twa?!?

Miał piętę Achilles,
A Samson miał Dalilę!
I pierwszy przez piętę, a drugi przez włos,
Zginęli, niestety, stracili swą moc!

Z Samsona, to znaczy onegdaj, był siłacz,
Lecz kiedy mu włosy obcięła Dalila,
Bezsilny był biedak, jak dziecko we mgle,
Więc wniosek się prosty nasuwa stąd, że:

Nie może czupryna
Atutem być jedynym!
Czupryna nas cieszy, nas cieszy, gdy jest,
Lecz kiedy jej ni ma, trza jeszcze coś mieć!!!

Zające

Do Karolaka najczęściej zwracam się per „Zając". Mąż bardzo łatwo się domyśla, kiedy jestem na niego wściekła, bo wtedy mówię „Wojtku". Na szczęście takie momenty zdarzają się rzadko. A ja zostałam w ten sposób Zajęczycą

Zające wzięły się stąd, że oboje według chińskiego kalendarza jesteśmy z roku zająca. Edward Lutczyn namalował nam w prezencie dwa portrety: pana zająca i pani zając.

Takie czasy, niestety

Osoby: K. – Kobieta, M. – Mężczyzna

K.: – Filipie, tak sobie kombinuję... Jeśli zdecyduję się wreszcie zacząć wychodzić za mąż, wolałbyś zostać moim pierwszym mężem czy drugim?
M.: – Gdyby to ode mnie zależało...
K.: – Ale nie zależy. Tak sobie tylko rozmawiamy. No więc wolałbyś pójść na pierwszy ogień czy na drugi?
M.: – Z dwojga złego wolałbym już chyba być twoim drugim mężem.
K.: – Dlaczego?
M.: – Skoro z góry zakładasz, że z pierwszym się rozwiedziesz...
K.: – Z drugim również można się rozwieść!
M.: – Oczywiście, ale...
K.: – Ale nie licz na to! Jeśli tylko dlatego wolisz zostać moim drugim mężem, przeliczysz się!
M.: – Na nic nie liczę.
K.: – I bardzo słusznie! Ale wiesz... jeżeli *(puka w stolik)*, odpukać, rzeczywiście wyjdę za mąż, następnie, jak dobrze pójdzie, rozwiodę się i wyjdę za mąż po raz drugi, to czy na przyjęcie ślubne powinnam zaprosić byłego męża?
M.: – To zależy.
K.: – Od czego?
M.: – Od tego, w jakich stosunkach pozostaniecie.
K.: – Przyjacielskich oczywiście! Teraz ludzie rozchodzą się kulturalnie! Łatwiej rozwieść się kulturalnie niż żyć ze sobą!

M.: – W takim razie można chyba zaprosić byłego męża...
K.: – No dobrze! A jeśli będzie on aktualnie z byłą żoną mego drugiego męża?
M.: – Zakładając, że twój drugi mąż również rozejdzie się kulturalnie i również będzie utrzymywać przyjacielskie stosunki ze swą eksmałżonką, myślę, że wypada ich zaprosić.
K.: – No dobrze! A jeśli mój były mąż będzie z p r z y s z ł ą żoną mego aktualnego męża?
M.: – Chwileczkę, bo zaczynam już się gubić... Twój były mąż...
K.: – ...będzie aktualnie z przyszłą żoną mego drugiego, aktualnego męża! Czy wtedy również powinnam ich zaprosić?!
M.: – Strasznie to wszystko komplikujesz, kochanie!
K.: – Nie ja komplikuję, tylko życie jest coraz bardziej skomplikowane! Takie czasy, niestety! No więc – wypada zaprosić byłego męża z przyszłą żoną aktualnego męża?
M.: – A skąd będzie wiadomo, że kobieta, z którą przyjdzie twój eksmałżonek, wyjdzie kiedyś za twego aktualnego męża?
K.: – Nie wiadomo dokładnie! Ale nie można tego wykluczyć! I dlatego chyba zanika zwyczaj urządzania przyjęć weselnych...
M.: – Na pewno nie dlatego!
K.: – Nie? A chciałbyś w dniu swego ślubu wychylić toast ze swoim ewentualnym następcą?
M.: – Oczywiście, że nie!
K.: – A widzisz! I dlatego nowocześni państwo młodzi na ogół nikogo nie zapraszają!
M.: – Z zupełnie innych powodów. Po pierwsze, z oszczędności...
K.: – Też racja! Większość osób liczy się z tym, że podobnych okazji będzie w życiu wiele... A parę uczt weselnych to prawie mały fiat!
M.: – Teoretycznie...

K.: – Nie mówimy o teorii tylko o praktyce! A praktycznie rzecz biorąc, może być na przykład taka sytuacja... Jestem ze swym aktualnym mężem i spotykam byłego męża. Kogo komu należy przedstawić? Pierwszego drugiemu czy drugiego pierwszemu?

M.: – W zasadzie osobę młodszą przedstawia się starszej.

K.: – Drugi mąż na ogół jest młodszy od pierwszego.

M.: – W takim razie drugiego należy chyba przedstawić pierwszemu.

K.: – No dobrze! A jeśli pierwszy, starszy, jest, powiedzmy, prostym magistrem, natomiast drugi, młodszy, jest jego dyrektorem?

M.: – Kochanie!!! Czy musisz tak wszystko komplikować?!?

K.: – To nie ja, to życie! Żyjemy w takich czasach, niestety! No więc – kogo komu trzeba przedstawić?

M.: – Podwładnego dyrektorowi.

K.: – Nawet jeśli dyrektor jest znacznie młodszy od swego podwładnego, tak?

M.: – Chyba tak... Osobie ważniejszej przedstawia się osobę mniej ważną.

K.: – No dobrze. A jeśli dla mnie będzie ważniejszy mój przyszły trzeci mąż?

M.: – *(zupełnie już ogłupiały)* Kochanie!!! Mówiłaś o sytuacji, w której będąc z drugim mężem, spotykasz pierwszego!!!

K.: – Tak. Ale nie zakładajmy programu minimum. W końcu trzeba myśleć nie tylko o dniu dzisiejszym, ale i o jutrzejszym! Przyszłość jest nierzadko ważniejsza od teraźniejszości! A w dzisiejszych czasach... kiedy tak się szybko żyje...

M.: – *(załamany)* ...trudno być na bieżąco z zasadami savoir-vivre'u! Dobre wychowanie nie nadąża za życiem, niestety!

WSZYSTKO, CO CHCIELIBYŚCIE WIEDZIEĆ O SEKSIE, ALE BALIŚCIE SIĘ ZAPYTAĆ

Seks

Palenie to jedna z nielicznych przyjemności, jakie mi zostały w życiu, ale szczerze mówiąc, nawet gdy byłam młodsza, wolałam papierosa od seksu. Lepsza była też wódeczka. W jednym ze swoich felietonów Krystyna Kofta napisała, że seks jest przereklamowany; też tak uważam, bo na dłuższą metę potrzeba czegoś więcej.

Widziałam kiedyś wyniki badania opinii publicznej, z którego wynikało, że siedemdziesiąt sześć procent Polek woli czekoladę od seksu. Cokolwiek to znaczy, nie dziwię się. Bo czekolada podobno zawsze poprawia nastrój. Sama zresztą nigdy nie byłam też tak wielką entuzjastką spraw damsko-męskich, żeby ta kwestia stała się nadrzędnym celem mojego życia. Tak za to miała moja siostra, czym zresztą mnie wkurzała. Bo, jak się okazało, są nie tylko faceci, ale i kobiety, które bez przerwy myślą o seksie. Ja to zawsze traktowałam jako dodatek. Może dlatego, że nie lubię pracy fizycznej, pocenia się i tak dalej?

Po prostu zawsze wolałam się spotkać, pójść na wódeczkę, pogadać. Chociaż muszę przyznać, że facet brzydszy od słoika z musztardą, nawet gdyby był najinteligentniejszy na świecie, to jednak byłby dla mnie odrzucający w rozmowie. Zawsze powtarzam, że mężczyzna nie musi być brzydki. Wolę się lubić z facetem raczej przystojnym niż z jakąś paskudą. Ale to nie znaczy, że od razu po głowie mi chodzi myśl: A może wskoczyć z nim do łóżka?

Ale czasem, jak trafiał się ktoś ciekawy, to znajomość rzeczywiście finalizowała się w łóżku. Tyle że seks to był dodatek, taka wisienka na torcie, a nie rzecz najatrakcyjniejsza przy poznawaniu nowych ludzi. Szczerze mówiąc, kiedy byłam młodsza, uprawiałam seks głównie dla przyjemności facetów, z którymi się spotykałam. Trochę na zasadzie: No dobra, chce tego, co mi szkodzi. Skoro mu bardzo na tym zależy...

Nie potępiam ludzi, którzy wolą seks dla samego seksu; każdy ma prawo robić, co lubi. Choć nie rozumiem takiego podejścia. Pamiętam, jak kiedyś, gdy jeszcze miałyśmy ze sobą kontakt, siostra opowiadała mi z detalami o swoim kolejnym podboju. Tłumaczyła, jaki ten facet jest świetny.

– A fajnie się z nim gada – zapytałam?

– Ale my przecież nie spotykamy się, żeby rozmawiać – żachnęła się.

Kiedyś wydawało mi się, że to męskie podejście. Ale okazuje się, że kobiety też chcą kogoś zaliczyć. I niektórym to nie przechodzi nigdy. Siostra od lat mieszka w Australii. Dziś nie mamy już ze sobą kontaktu, ale znajomi, którzy tam pojechali, odwiedzili ich. Opowiadali, że siedzieli przy kolacji, a ona zachowywała się tak, jakby cały czas próbowała zrobić wszystko, żeby szybko zaciągnąć męża do sypialni.

Dziewczyny, które szukają bogatych mężów, jeszcze jestem w stanie zrozumieć. Ale takich, które po prostu chcą zaliczyć kolejnego, to nie rozumiem. Ja zawsze wolałam pogadać. Czasami ktoś podobał mi się fizycznie, ale okazywał się głupi jak but i to mnie od razu odrzucało. Wiedziałam, że w życiu nie mogłabym się z nim związać nawet na chwilę, bo przecież w końcu nadchodzi taki moment, że trzeba wyjść z łóżka i zamienić choć kilka słów. I co wtedy? Najlepszy dowód, że rozwodzą się nawet tak piękne kobiety, jak Angelina Jolie. Uroda się znudzi i wtedy chce się czegoś nowego.

Żeby było jasne. W moim podejściu nie chodzi o żaden wstyd czy po prostu niewiedzę. Seks nigdy nie był dla mnie tabu. Kiedy miałam dziesięć lat, w ogromnej bibliotece dziadków wygrzebałam słynne dzieło Bronisława Malinowskiego *Życie seksualne dzikich*. Dziadek nie miał żadnych oporów, żeby mi dać tę książkę do czytania. Muszę przyznać, że bardzo mi się podobało to, co w niej opisywano. Choćby to, że wszyscy tam chodzili na golasa.

Ale to nie jedyne źródło wiedzy o seksie i cielesności, bo jedna z moich babć była położną, więc w domu miała sporo fachowej literatury. Te książki brałam sobie sama bez pytania i z wypiekami na twarzy czytałam pod kołdrą. Nie powiem, zrobiły na mnie ogromne wrażenie. Ale większe chyba podejrzany ukradkiem fragment porodu. Koszmar. Do dziś robi mi się niedobrze, kiedy słyszę o „cudzie narodzin".

Nie tylko czytałam. Dziewictwo straciłam z ciekawości. Byłam wtedy dosyć młoda... Mogłam mieć czternaście czy piętnaście lat. Paweł, chłopak, którego wtedy sprowokowałam czy, jak to się teraz mówi, uwiodłam, pewnie miał koło dwudziestu. Pierwszy raz jakoś specjalnie mnie nie zachwycił. W każdym razie na pewno nie poczułam takiej euforii, jak wtedy, gdy pierwszy raz zapaliłam papierosa.

Dziś chce mi się tylko palić i Karolakowi zresztą też. Nie śpimy zresztą razem. Spać w łóżku mogę sama, ewentualnie z psem.

Notabene ja przynajmniej zawsze wiedziałam, dlaczego nie chcę seksu i co jest od niego ciekawsze. Ale kiedyś przeczytałam wyniki badania, w którym zadano respondentkom pytanie: Czy prowadzisz życie seksualne? I okazało się, że dwanaście procent Polek odpowiedziało: Nie wiem.

Nie mam pojęcia, jak to wytłumaczyć? Czy one same nie wiedzą, co czynią ? Jak bohater sztuki Moliera, który nie wiedział, że mówi prozą? Bo nie wiedział, co to jest proza?

Ale czy to możliwe, żeby aż tyle pań nie wiedziało, co to jest życie seksualne?

No, chyba że to badanie przeprowadzono w gronie kobiet, u których pamięć już nie ta.

Ale nie sądzę. Dlatego jestem pod wrażeniem tych dwunastu procent odpowiedzi. Tym trudniej oprzeć się wrażeniu, że z wychowaniem seksualnym (a teraz z wychowaniem do życia w rodzinie) jest problem. Może więc już lepiej skakać z łóżka do łóżka, ale chociaż świadomie i w konkretnym celu, jak to robi moja siostra, niż pozostawać w niewiedzy?

Dzieci

Jedną z konsekwencji seksu bywają dzieci. Pewnie nie jestem typową kobietą, bo nigdy nie czułam instynktu macierzyńskiego, co oznacza w praktyce, że nigdy nie chciałam mieć dzieci. Ale w mojej rodzinie to normalne, bo jak kiedyś wyznała mi moja mama, jej też nie ciągnęło do dzieci. Zdecydowała się urodzić mnie głównie ze względu na prośby mojego ojca. Ja miałam więcej szczęścia, nie mam dzieci w ogóle. I na pewno już mieć nie będę.

Gdy ktoś mnie pyta, czemu palę, odpowiadam: Bo lubię. A gdy ktoś pyta, dlaczego nie mam i nie będę miała dzieci, mówię: Bo nie lubię. Mam tak już chyba od dziecka, bo jako mała dziewczynka, gdy słyszałam od różnych cioć pytania: A kim ty chcesz zostać, jak będziesz już duża? – odpowiadałam natychmiast: Nie wiem, ale na pewno nie będę mamusią. Już wtedy nie lubiłam dzieci; ani siebie, ani tym bardziej tych z mojego otoczenia. Pokazałam to dobitnie w czasie jednej z pierwszych zabaw w piaskownicy. Tego dnia poza mną na swoje nieszczęście był jeszcze jakiś chłopczyk. Popatrzyliśmy na siebie kilka sekund i natychmiast, dosłownie od pierwszego wejrzenia, go znienawidziłam. Pewnie dlatego, gdy rodzice zostawili nas samych, wsadziłam mu na głowę wiaderko. Zrobiłam to tak skutecznie, że trzeba było wzywać ślusarza, żeby mu je zdjął.

Nie lubię dzieci, a co najważniejsze – nie potrafiłabym ich wychować. Nie zgadzam się z tą telewizyjną Perfekcyjną Panią Domu, że każdego można zmienić czy wychować.

Dzieciństwo to okres, przez który trzeba przejść, a główną zaletą tego okresu jest to, że się z niego wyrasta. Trzeba przez niego przejść, jak przez szkarlatynę czy komunizm. Sama byłam dzieckiem. Dzieckiem byli kiedyś: Hitler, Stalin, Kaddafi. Oni na pewno byli rozkosznymi bobaskami, tak jak zapewne: Jarosław Kaczyński, Viktor Orbán czy Zbigniew Ziobro albo posłanka Pawłowicz. Ale dla mnie to jeszcze za mało. Bo istotne, co z nich potem wyrosło. Dlatego między innymi wiedziałam, że nie nadaję się na matkę. Bo dziecko trzeba nie tylko urodzić, ale też wychować, a ja mam mniej niż zero zdolności i zapędów pedagogicznych. Nie tylko w stosunku do dzieci, ale również dorosłych. Nie potrafiłam wychować ani własnego psa, ani tym bardziej swojego pierwszego męża, więc co tu mówić o dziecku.

Większość moich związków rozpadała się między innymi właśnie dlatego. Nie wierzyłam, że mogę faceta zmienić. Albo akceptowałam jego wady, albo „żegnaj, misiu". Nie rozumiem kobiet, które uwielbiają wychowywać i zmieniać. Szczerze mówiąc, najczęściej w ogóle nie rozumiem kobiet, ale to już zupełnie inna kwestia.

Dlatego w pewnym momencie, gdy spotykałam mężczyznę, przez którego traciłam kontakt z rozumem, w efekcie czego nasz związek robił się poważny, jakaś resztka instynktu samozachowawczego kazała mi zadać pytanie: Czy ty przypadkiem nie chcesz mieć dzieci? I od razu zastrzegałam, że ja ich absolutnie nie chcę i nie zamierzam mieć. Dzieci były jednym z powodów rozstania z Czubaszkiem. Poza wszystkimi innymi jego wadami oczywiście. W pewnym momencie zaczął coś przebąkiwać o tym, że chciałby mieć dzieci. I uznałam, że uczciwiej będzie się rozstać.

Może właśnie dlatego udało nam się ułożyć sobie życie z Karolakiem, bo oboje nie chcieliśmy mieć dzieci, ponieważ nie mamy potrzeby przedłużania gatunku. Jesteśmy zgodni co do tego, że nie trzeba w żaden sposób nas przedłużać. Cóż, po prostu wcale nie jesteśmy jacyś wyjątkowi. Niech się inni przedłużają. My wolimy ciszę i spokój w mieszkaniu.

Fakt, Karolak mniej ode mnie nie lubi dzieci. Chyba łatwiej i w sposób bardziej kulturalny znosi ich towarzystwo, ale jak sam szczerze mówi, jest zbyt wielkim egoistą. Zazwyczaj chodzi spać koło dwunastej, trzynastej, śpi do siedemnastej, osiemnastej. Gdzie miałoby się koło niego dziecko pętać? On by nie poświęcił niczego dla dziecka. Dla mnie zresztą też nie. Po prostu taki ma charakter. Mnie to nie przeszkadza, bo im mniej mi się poświęca czasu, tym lepiej dla mnie. Czubaszek troskliwie się mną przejmował i zajmował, czym mnie strasznie wkurzał. Tak bardzo, że się z nim rozwiodłam.

Wracając do dzieci, w swoim życiu tylko raz spotkałam takie, na które popatrzyłam z sympatią. Występowało w jakiejś reklamie telewizyjnej. Na żywo chyba nigdy nie miałam okazji. To tylko potwierdza moją teorię, że dzieci, w przeciwieństwie do małych zwierząt futerkowych, są po prostu brzydkie.

Przyznaję, że wolę usłyszeć, że jestem zimną suką, co już się zdarzyło w wykonaniu osób krzewiących tak zwane wartości wszelakie, niż być określana mianem „matki Polki". Dla mnie „matka Polka" to taka zarobiona po łokcie, gruba kobiecina, siedząca po pachy w pieluchach, obiadkach dla dzieci i męża, z rękami za kolana od siat z zakupami, które musi dźwigać. „Matki Polki" to naprawdę biedne kobiety, które musiały rodzić kolejne dzieci, bo im się zdawało, że tego chcą, albo wymuszała tę decyzję presja ze strony rodziny i otoczenia. Bo kobieta bezdzietna nie może czuć się spełniona. Skoro więc ma męża, a nie ma przynajmniej jednego dziecka, to coś z nią nie tak. Na szczęście ja byłam odporna na takie naciski. Pamiętam, że kiedy moja młodsza siostra urodziła dziecko, to wszyscy mówili: Jak zobaczysz dzidziusia, zmienisz zdanie. Zobaczyłam takie małe szkaradne pomarszczone coś i pomyślałam: O, jak dobrze, że nie mam żadnych dzieci. Kilka lat później, gdy występowałam w programie Ewy Drzyzgi – tematem były kobiety, które nie chcą mieć dzieci – powiedziałam otwarcie, co myślę w tej kwestii. Kiedy wróciłam po programie do domu, to moja mama, która przecież doskonale wiedziała, że nie chcę mieć dzieci, spytała, jak mogłam jej to zrobić i oficjalnie się do tego przyznać. Miała o to do mnie ogromny żal. A ja do dziś nie rozumiem, dlaczego miałabym taki fakt ukrywać?

Dziecko nie zawsze czyni człowieka szczęśliwszym, czasem łamie mu życie. Nie tak dawno temu fakt, że kobieta nie chce mieć dzieci, tłumaczono tym, że albo nie może mieć dziecka, albo nie jest w stanie znaleźć desperata, który jej „zrobi" dzidziusia, albo jest lesbijką lub postradała zmysły. A zatem po prostu wrednie kłamie. Przypuszczam, że nadal tak to wygląda. Są kobiety, które nie mają instynktu macierzyńskiego, i taka kobieta rodzi dziecko pod presją rodziny albo dlatego, że mąż chce, albo sobie wymyśli, że dziecko go zatrzyma. Jestem pewna, że co najmniej jedna czwarta kobiet, które mają dzieci, zdecydowała się na ciążę tylko dlatego, żeby zatrzymać faceta. Ale jak w jednym ze swoich felietonów napisała Krystyna Kofta, kiedy związek się sypie, to dziecko go nie scementuje, a jedynie zacementuje drzwi wyjściowe.

Większość kobiet ma tak zwany instynkt macierzyński, który prędzej czy później się u nich odzywa. Ale nie u wszystkich;

bardzo często można usłyszeć, że miłość matczyna nie zawsze jest bezwarunkowa. Czasami trzeba włożyć wiele wysiłku i poświęcić sporo czasu, żeby pokochać swoje dziecko. A czasem może to nie nastąpić nigdy. I co wtedy? Nieszczęście na całe życie dla takiego dziecka i matki?

Może więc lepiej, że nie zdecydowałam się na dzieci, dzięki temu teraz nie mam wnuków. Przynajmniej nie musimy z Karolakiem nikogo niańczyć na starość.

Może gdyby dzieci przynosił bocian albo można było je znaleźć w kapuście, to wszystko byłoby inaczej? Na pewno byłoby to lepsze i ładniejsze niż ciąża i poród. Nie, nawet wtedy nie skusiłabym się na posiadanie dziecka! Po co mi dziecko? Bo miałoby mi pomagać na starość? Nie, to egoistyczne podejście. Nie po to ludzie decydują się na dziecko. Dziecko na pewno dla wielu jest ważne i rozumiem, dlaczego wiele osób ma potrzebę posiadania dzieci. Dlatego popieram in vitro. Państwo ma obowiązek pomagać tym, którzy świadomie decydują się na rodzicielstwo, ale mają problem z zajściem w ciążę. Uważam, że zabiegi in vitro powinny być dofinansowywane z budżetu.

Aborcja

Usunęłam dwie ciąże za czasów komuny. Nie twierdzę, że aborcja to nic złego, ale jestem przekonana, że jest mniejszym złem niż nieodpowiedzialna prokreacja. Dzieci powinny się rodzić chciane. A najdziwniejsze jest to, że kiedy wypowiedziałam głośno tę oczywistą myśl, zostałam za to nagrodzona okularami równości.

Historia z tym, jak to się teraz mówi, coming outem aborcyjnym wydarzyła się trochę przypadkiem. Wszystko przez to, że w momencie, gdy przyjechałam na umówiony wywiad, przed kawiarnią, w której miałam się spotkać z dziennikarzem, pojawiła się spora grupa rozbrykanych, koszmarnie krzyczących dzieci. Wycieczka z przedszkola czy coś takiego.

– Ale pan trafił z tym spotkaniem – jęknęłam do dziennikarza, widząc rozwrzeszczaną czeredę

– Dlaczego?

– Bo bardzo nie lubię dzieci, zwłaszcza małych!

– A jakby się przytrafiło? – padło pytanie.

– To bym usunęła – odparłam bez chwili wahania.

– Tak się tylko mówi – stwierdził redaktor.

– Ależ proszę pana, ja to zrobiłam; w tamtych czasach nie robiono szumu z tego powodu – odpowiedziałam.

Czy się wstydzę, jakby chciało wiele osób, że się przyznałam? Nie! Również nigdy nie widziałam i nadal nie widzę powodu, żeby nie powiedzieć szczerze, że w młodości dwa razy usunęłam ciążę. I dlaczego to zrobiłam. Po prostu nigdy nie czułam instynktu macierzyńskiego. Chyba już o tym wspominałam, niestety?

Fakt, kiedy robiłam aborcję, były to, pod pewnymi względami, normalniejsze czasy. Wtedy nie dyskutowano o tym publicznie, po prostu jak kobieta chciała usunąć ciążę, to szła i to robiła. To nie było zbrodnią. Ani lekarz nie popełniał przestępstwa, ani niedoszła matka.

Muszę zaznaczyć, że uważam, że aborcja to nic dobrego. I naprawdę jestem za tym, by się dzieci rodziły, ale te chciane. Jeśli kogoś nie stać na to psychicznie i finansowo, to chyba lepszym wyjściem będzie przerwanie ciąży? Właśnie dlatego jestem za legalnością aborcji. I wiem, ile osób korzysta z takiego rozwiązania. Dziś, mimo tego niegodziwego prawa, które obowiązuje w Polsce, nadal łatwo to zrobić. Trzeba mieć tylko trochę pieniędzy. Wtedy wystarczy zadać pytanie wyszukiwarce internetowej, nawet po polsku. Od razu pokazują się odpowiednie kliniki w Niemczech albo w Czechach. Te placówki są specjalnie zakładane tuż przy granicy. Jedną z nich prowadzi Polak. Do innej podobno regularnie kursują autobusy z Polski. Mimo że tak prosto to wszystko znaleźć i zrobić, to nieustająco mam wrażenie, że żyję w kraju, w którym nikt nie zrobił aborcji poza Czubaszek. Tyle było szumu po tych moich słowach.

Nie żałuję, że zdecydowałam się na aborcję. Teraz, gdy mam już swoje lata i zły dzień, kiedy nic się nie układa, to siadamy z Karolakiem i się pocieszamy: Dobrze, że przynajmniej nie mamy dzieci ani wnuków. Nikt nie biega nam po domu, nie trzeba robić „ciu, ciu, ciu" czy się martwić, że dziecko ćpa albo pali i pije.

A wracając do historii całej sprawy. Po tym wywiadzie dziennikarz w ogóle się do mnie nie odezwał; sądziłam, że materiał w końcu trafił do kosza. Mniej więcej rok po tej rozmowie weszłam do apteki po jakiś drobiazg. Kupiłam, wyjęłam pieniądze, a pani farmaceutka, ni stąd, ni zowąd, zaczęła mi gratulować.

– Pani Mario, dobrze pani to powiedziała. Uważam dokładnie tak samo jak pani.

Nie wiedziałam, o co jej chodzi, ale grzecznie podziękowałam i wyszłam. Tego dnia jeszcze kilka osób podchodziło do mnie na ulicy, mówiąc coś w rodzaju: Gratuluję, jestem tego samego zdania.

Trochę zdziwiona tym wszystkim wróciłam do domu i opowiedziałam Karolakowi, że ludzie mi czegoś na ulicy gratulują i popierają moje zdanie, a ja nie wiem, o co chodzi. No, byłam dzień wcześniej w „Szkle kontaktowym", ale przecież nie powiedziałam tam nic rewolucyjnego. W tej kwestii akurat oboje byliśmy całkowicie zgodni.

O co chodzi, zrozumiałam dopiero trzy dni później, dzięki znajomemu taksówkarzowi. Okazało się, że chodzi o niedzielny program, ale nie o „Szkło kontaktowe" w TVN24, lecz o magazyn „Uwaga" w TVN. Ten dziennikarz w końcu wykorzystał nagrany trochę przypadkiem materiał dotyczący aborcji. Szkoda, że nie dał mi znać. Może się obawiał, że się wycofam z wypowiedzianych słów? Ale nie, bez problemu zgodziłabym się na emisję.

I nie rozumiem zamieszania po tym materiale. Wojtek Cejrowski, którego znam, oświadczył, że Czubaszek teraz trzeba wypraszać z mediów, a nie zapraszać, i omijać na ulicy, bo można się TYM zarazić. Czy on naprawdę uważa, że ciąża i aborcja jest zaraźliwa? Nie rozumiem, dlaczego ludzie nie zgadzają się na to, żeby ktoś miał inne poglądy niż oni.

W 2011 roku dostałam „Okulary Równości", nagrodę przyznawaną przez Fundację imienia Izabeli Jarugi-Nowackiej za „osobistą odwagę w głoszeniu poglądów, niezłomność w przełamywaniu tabu dotyczącego aborcji i obronę prawa kobiet do świadomego wyboru w kwestii posiadania dzieci". Odbierając nagrodę, trochę się zmartwiłam. Bo przecież nie tylko ja jedna dokonałam aborcji, a do tego ja to zrobiłam sto lat temu. To dziwne, że w XXI wieku powiedzenie na głos czegoś, co jest normalne i co robi wiele kobiet, jest traktowane jako heroiczny akt odwagi.

Doktor Bogdan Chazan

Denerwuje mnie robienie bohaterów z ludzi takich jak ten człowiek. Zmusić kobietę, żeby urodziła dziecko, które zaraz umrze, bo ma mózg na wierzchu, rozszczepienie twarzy, gałkę oczną wiszącą gdzieś poza oczodołem – to najgorsze okrucieństwo, a nie powód do chwały.

Nie rozumiem argumentu, że lekarzowi sumienie nie pozwalało wykonać tej aborcji. Do uprawiania danego zawodu przecież nikt nikogo siłą nie zmusza. Dlatego osoba, która decyduje się zostać lekarzem, zwłaszcza takiej specjalności, jak ginekologia, powinna zdawać sobie sprawę z tego, że może pojawić się ktoś, kto będzie potrzebował aborcji. Rozumiem, że lekarz jest tylko człowiekiem i może wewnętrznie się z tym nie zgadzać. W takiej sytuacji jednak powinien albo ten zabieg wykonać, albo zmienić zawód. Tak samo jak farmaceuta, który z powodów moralnych odmawia sprzedaży środków antykoncepcyjnych, nie powinien być aptekarzem. Ja na przykład bardzo chciałabym być kierowcą Formuły 1, ale wiem, że się do tego nie nadaję, więc nawet nie próbowałam.

Homoseksualizm – adopcja dzieci

A skoro już było o dzieciach i seksie... Naprawdę chciałabym, żeby w końcu w Polsce pary homoseksualne zyskały prawo do adopcji. Lepszy dla dziecka jest prawdziwy pełen miłości dom, stworzony przez dwoje kochających się ludzi tej samej płci, niż piekło zgotowane przez parę heteroseksualną. I nie rozumiem problemu. Przecież to nie homoseksualiści wyrzucają nowo narodzone dzieci na śmietnik czy zabijają je i trzymają w beczce z kiszoną kapustą.

Czy na przykład Elton John ze swoim partnerem zrobi krzywdę dziecku? Nie. Najważniejsza jest miłość do dziecka. Niejednemu dziecku będzie lepiej w rodzinie homoseksualnej niż w pobłogosławionym przez księdza związku kobiety i mężczyzny, w którym mąż i żona są alkoholikami i katują swoje dzieci. Nieustająco mnie dziwi, że w Polsce nadal panuje większy kult i ochrona życia poczętego niż tego narodzonego.

W łóżku z Karolakiem

Jak w związku wytrzymać co najmniej tyle lat, ile jestem z Karolakiem? Przede wszystkim nie spać ze sobą. Spanie razem jest obrzydliwe, bo łóżko jest do innych spraw. Jakich, nie trzeba mówić, bo wszyscy dobrze wiemy. Ale gdy „te sprawy" się skończą, to każdy powinien zabierać się na swój tapczan. A poza tym duża swoboda w związku: Karolak nie katuje mnie swoją muzyką, a ja jego moimi tekstami.

Kiedy poznałam Wojtka, duża część jego znajomych sądziła, że jest dziwkarzem, a inni, że gejem. Muzycy mają fanki, nawet jazzmani. I wiem, że jakieś dziewczyny za nimi jeździły. Jego koledzy opowiadali, że w czasach, kiedy był z pierwszą żoną, gdy wrócił do swojego pokoju w hotelu po koncercie, to w łóżku zastał śliczną, ale zupełnie obcą dziewczynę. I co zrobił po tym niespodziewanym odkryciu? Bardzo grzecznie ją po prostu wyprosił. Podobno od takich niespodziewanych przyjemności zdecydowanie wolał wódkę z kolegami. Dziś już nie pije, ale czasem pokazuje mi jakieś SMS-y od wielbicielek. A ja nie czuję się zazdrosna, wręcz przeciwnie. Jestem dumna, że podoba się innym kobietom i nigdy nie wpadłabym na to, żeby przeglądać jego telefon i sprawdzać SMS-y. Mam do niego zaufanie, wiem, że jest zdeklarowanym monogamistą. A on wie, że gdyby się w jakiejś obcej kobiecie zakochał, to ja na pewno bym zakończyła naszą znajomość.

Kiedy mnie pytają, jak to się stało, że jesteśmy już tak długo z Karolakiem, to wyjaśniam, że między innymi dlatego, że nie wychowujemy się nawzajem, nie wchodzimy sobie na głowę. Po prostu staramy się zostawiać sobie maksymalnie dużo przestrzeni.

Nie chodzę na jego koncerty, on nie czyta moich tekstów. Dzięki temu nie zawracamy sobie głowy, nie zamęczamy się wzajemnie. No i nie śpimy razem. Nawet na początku, kiedy uprawialiśmy seks, bo my z Karolakiem też to robiliśmy, choć nie była to dla nas najważniejsza sprawa w związku, to nie spaliśmy razem. Nigdy nie spałam z żadnym mężczyzną. Łóżko jest fajne do różnych rzeczy, po których każde idzie do swojego pokoju. Bo jak tu żyć zgodnie, gdy na przykład jedno chce już spać, a drugie chce poczytać. Nie wiem, czy to jest recepta na dobre małżeństwo, ale nam to się sprawdza.

Babcia

Cuda się zdarzają, bo nie mam dzieci, a jestem mamą, a nawet zostałam babcią. Najpierw spełniłam swoje marzenie i usynowiałam Artura Andrusa. Co prawda tylko w improwizowanej operze mydlanej *Spadkobiercy*, gdzie gram Maggie Mekintosz Owens, jego wyrodną matkę. Kobietę, która nie karmiła swego syna własną piersią, bo się brzydziła. Pewnie właśnie tak byłoby, gdybym naprawdę została matką, więc może to jednak lepiej, że nie mam dzieci.

O ile w życiu zdarza mi się pożyczać od Artura pieniądze, o tyle w serialu wręcz czekam, aż on wreszcie „wyciągnie nogi", bo liczę na spadek po nim. Zwłaszcza że swoje pieniądze puściłam z dymem i przegrałam w pokera. Mam wrażenie, że ten scenariusz trochę znam z własnego życia.

A potem zostałam babcią. Sympatycznego rudzielca Ryśka, który marzył o tym, by stać się rycerzem.

Kiedy dostałam propozycję dubbingowania babci w *Ryśku lwie serce* od razu uprzedziłam panią reżyser, że jeśli chodzi o bycie babcią, to owszem, ze względu na wiek wszystko się zgadza. Jednak na tym kończą się jakiekolwiek podobieństwa do tej postaci, więc miałam sporo wątpliwości. Po pierwsze, nigdy nie chciałam być babcią i jestem pewna, że co jak co, ale to nieszczęście akurat na pewno już mnie ominie. Tak, fakt zostania babcią byłby dla mnie nieszczęściem. Po prostu nie nadaję się do tej roli w życiu. Byłabym fatalną babcią, nie lubię dzieci. Zatem nie byłoby mowy o ich rozpuszczaniu, a przecież tym zajmują się babcie. Choćby z tego powodu na nagranie szłam z ogromną tremą.

Notabene już jakiś czas po tym filmie okazało się, że są osoby, które uważają mnie za swoją prawdziwą babcię. Kiedyś podeszły do mnie dwie sympatyczne młode dziewczyny i oświadczyły, że są moimi wnuczkami. Trochę się przeraziłam, bo sobie nie przypominam, żebym miała jakieś dzieci. A to chyba jest warunek niezbędny do posiadania wnuków. Tak mi się przynajmniej zdawało zgodnie z moją wiedzą z biologii. Na szczęścia tajemnica szybko została wyjaśniona; w internecie powstała strona zrzeszająca ludzi, którzy chcieliby, abym została ich babcią. Powiedziałam więc moim „wnuczkom", że, z jednej strony, szalenie mi miło, ale z drugiej, to one jednak powinny się cieszyć, że nie jestem ich babcią, bo nie byłabym kochaną staruszką.

Podobno mam więcej wnuków niż tylko te dwie młode panie. I trochę mnie to deprymuje, zwłaszcza że kiedy słyszę słowo „wnuczek", to mi się kojarzy od razu z metodą na wnuczka. A do tego co otworzę gazetę lub włączę telewizor, to właściwie nie ma tygodnia, żeby się nie okazało, że jakiś kochany wnusio zadźgał swoją babcię albo chociaż pobił, bo mu renty nie chciała dać na papieroski. Niby rozumiem, bo sama palę... ale żeby tak od razu zatłuc babcię?

WOJNA PŁCI

Różnice...

Mimo że mówi się o tym, że mężczyźni coraz bardziej niewieścieją, a kobiety wręcz przeciwnie, to wciąż jest, moim zdaniem, sporo różnic między obiema płciami.

Kobiety na przykład lubią mówić. Natomiast faceci nie lubią... słuchać.

Mężczyzna może dobrze wyglądać z dwudniowym zarostem, kobieta zdecydowanie nie. Żadna niewiasta nie zakocha się w facecie tylko dlatego, że ma zgrabne nogi, mężczyźnie czasem to wystarczy.

Kiedy kobieta nie ma ochoty na seks, boli ją głowa. Kiedy mężczyzna nie ma ochoty, kobieta jest urażona. Ona chce mieć dom po to, żeby miała gdzie mieszkać i dokąd wracać, on częściej po to, żeby miał skąd wychodzić. On może być szczęśliwy przez całe życie z jedną kobietą. Ale nie musi. Ona nie musi być nieszczęśliwa przez całe życie z jednym mężczyzną. Ale może. I tak dalej, i tak dalej.

Gdybym jednak miała podać najbardziej istotną różnicę, wymieniłabym chyba podzielność i niepodzielność uwagi.

Mężczyźni mają na ogół niepodzielną. I z tego powodu się mówi, że faceci myślą tylko o jednym. Kobiety natomiast najczęściej mają uwagę podzielną. Dlatego są w stanie jednocześnie na przykład kochać się i przy okazji zauważyć, że żyrandol jest brudny. Albo że występująca akurat w telewizji celebrytka ma nowy kapelusz. Albo niepasujące do niczego koronkowe rękawiczki. I dlatego między innymi osobiście wolę mężczyzn.

Kobiety

Świetnie dogaduję się z każdym psem i kotem. Jestem w stanie porozumieć się niemal ze wszystkimi spotkanymi na drodze życiowej facetami. Natomiast panie, z którymi mam wspólny język, da się policzyć na palcach. Pracuję z mężczyznami, bo oni lepiej Panu Bogu wyszli. Natomiast w ogóle nie wierzę w solidarność kobiet i pewnie dlatego nigdy nie miałam żadnych przyjaciółek. Nie wierzę w żadną babską solidarność, a zwłaszcza wtedy, gdy na horyzoncie pojawia się mężczyzna...

Do kobiet mam zdecydowanie bardziej ograniczone zaufanie niż do facetów. Zazwyczaj w trakcie rozmowy z jakąś panią mam wrażenie, że choć jest bardzo sympatyczna, to nie darzy mnie sympatią. Ten brak zaufania wynika ze swoistego sprzężenia zwrotnego. Skoro nigdy nie ukrywałam, że specjalnie nie przepadam za paniami, to pewnie ten fakt nie budzi ich sympatii. Sama nie lubię osób, które mnie nie lubią. Moje kontakty z kobietami sprowadzają się głównie do znajomości zawodowych.

Kiedyś pytana przez kogoś z rodziny o to, kim chciałabym zostać, kiedy już dorosnę, odpowiedziałam bez wahania, że na pewno nie będę chciała być mamusią. Za dziećmi, jak już wielokrotnie mówiłam, w ogóle nie przepadałam, a za dziewczynkami zwłaszcza. I tak mi zostało do dzisiaj.

Kiedy byłam dzieckiem, miałam nadzieję, że gdy już dorosnę, to zostanę Indianinem. Tak, Indianinem, bo Indianki wydawały mi się brzydkie, ale ich mężczyźni byli przystojni. I wspaniali! A skąd ten pomysł? W czasie gdy moje koleżanki z klasy czytały *Anię z Zielonego Wzgórza*, ja wybierałam wyłącznie książki o Indianach. Może właśnie dlatego już wówczas łatwiej mi było nawiązać kontakt z chłopcami?

Nie wiem, skąd mi się wzięła ta nieufność do przedstawicielek mojej płci. Pewnie jest także efektem młodzieńczych doświadczeń. W klasie maturalnej musiałam przenieść się z Batorego do liceum imienia Narcyzy Żmichowskiej. Szkoła była blisko domu i na dodatek miała rozszerzony język angielski; to niewątpliwe zalety. Natomiast wadą przesłaniającą wszystkie plusy było trzydzieści kilka dziewcząt w jednej klasie! To było liceum żeńskie, niestety.

I, niestety, nadal doskonale pamiętam ze szkoły te wszystkie „przyjaciółeczki", które chodziły za rączkę, a po kryjomu robiły sobie różne świństwa. Nigdy nie miałam przyjaciółki, nawet jako mała dziewczynka. I tak mi zostało do dzisiaj. Nie byłam chłopczycą, ale kolegowałam się tylko z chłopcami. Dzisiaj zresztą też zdecydowanie wolę mężczyzn. Nadajemy na podobnych falach. Z kobietami zawsze było jakoś trudniej się porozumieć. Nie wiem dlaczego, ale niemal wszystkie w pewnym momencie zaczynają mówić albo o kupach i pieluchach, albo o tym, że „z mężem w nocy nie wyszło". Czasami o jednym i drugim. A mnie to w ogóle nie interesuje!

Nie bywam na babskich wieczorkach, nie oglądam kobiecych programów typu „Babilon" czy „Między kuchnią a salonem". Do niedawna w TVN Style był talk-show „Miasto kobiet". O Jezu! Próbowałam to oglądać, ale jak widziałam te panie, które słodziły w stylu „My, kobietki, sobie porozmawiamy", po prostu odrzucało mnie od telewizora. A zmusić mnie do przerwy w oglądaniu to duża sztuka.

Z tego samego powodu nie chodzę również na babskie wieczory. Próbowałam się przełamać. Pewna pani dosłownie mnie zmusiła, żebym poszła z nią na taką imprezę. To był pierwszy i ostatni raz. Po tej uroczej nasiadówce do dziś nie mogę się nacieszyć faktem, że praktycznie nie mam żadnej przyjaciółki i koleżanki. Bardzo się staram, żeby z paniami łączyły mnie zawodowe znajomości. Choć i z tym jest problem, ponieważ uważam, że większość kobiet ma mniejsze poczucie humoru od mężczyzn. I dlatego miałam szczęście, że pracując w tak zwanej rozrywce, spotykałam głównie mężczyzn. To oni, na szczęście, stanowią większość w mojej branży. Kiedy zaczęłam pracę w radiowej Trójce, byli w zasadzie sami faceci: Kreczmar, Kofta, Friedmann. Jeśli facet mnie nie lubi, to tego nie ukrywa, kobieta zrobi słodkie oczy, a za plecami obsmaruje.

Kiedyś pisałam teksty dla „Babskiego kabaretu", w którym występowały Lidia Stanisławska, Emilia Krakowska oraz Barbara Wrzesińska. Jedne z nielicznych pań z poczuciem humoru i kobiet, które naprawdę da się lubić. Pewnego razu zaprosiły mnie, bym pojechała z nimi w trasę. Odmówiłam, bo jak sobie wyobraziłam, że miałabym jechać jednym autem z jeszcze trzema kobietami, to od razu ogarnęło mnie przerażenie.

Mężczyźni

Mężczyźni to wyjątkowo delikatne istoty. Mają o wiele delikatniejszą konstrukcję od kobiet, zwłaszcza psychiczną. Na pewno pochodzą od innej małpy niż panie. Mimo, a raczej może właśnie dlatego, że jestem przedstawicielką płci odmiennej, nadal bardziej ciągnie mnie do mężczyzn niż do kobiet. Nadal, bo ze względu na wiek nie dotyczy to już tak zwanych spraw damsko-męskich. Z facetami na ogół po prostu lepiej mi się pracuje i rozmawia. A poza tym odnoszę wrażenie, że lepiej ich rozumiem. Kobiet i ich zachowań czasem w ogóle nie jestem w stanie pojąć.

Pod wieloma względami mężczyźni są mniej skomplikowani od nas kobiet, wysyłają prostsze sygnały, mniej grają. Jeśli facet mnie nie lubi, to nie udaje, że jest wprost przeciwnie. Dlatego łatwiej się z nimi żyje. A życie jest takie krótkie (chociaż akurat ja żyję już naprawdę długo), po co sobie je wzajemnie utrudniać. Zwłaszcza że i tak już muszę mocno kombinować, kiedy piszę, więc zdarza się, że zaczyna mnie od myślenia boleć głowa.

Notabene łatwiej mi pisać z perspektywy mężczyzny. W moich skeczach zawsze pojawia się tylko jedna kobieta i ona na dodatek jest idiotką. Nawet gdy Irena Kwiatkowska, którą uwielbiałam, grała w moich radiowych skeczach rolę Ciotki, to była Ciotką kretynką. Nie dlatego, że mam wszystkie kobiety za istoty pozbawione rozumu, bo niektóre są przecież tak mądre, jak mężczyźni. Jednak po prostu łatwiej jest mi sobie wyobrazić, że to kobieta gada głupoty. Może dlatego, że sama jestem kobietą i wiem, że gadam głupoty? Lubię głupoty. Zawsze powtarzam, że głupoty to moja specjalność.

Ale mężczyźni mają też wady. Naprawdę trudno sobie wyobrazić, jak łatwo ich zabić, zwłaszcza kobiecie obdarzonej poczuciem humoru. I szczególnie w sytuacjach intymnych. Wtedy wystarczy zaledwie jeden niefortunny żart, a napięcie opada. I cała reszta też, niestety.

Ten problem dotyczy nie tylko żartów. Woody Allen kiedyś zauważył, że „mężczyznę można »wykastrować« jednym zdaniem: »Wolę, abyś był moim przyjacielem niż kochankiem«".

Bardzo lubię mężczyzn, ale często przyjaźń damsko-męska jest trudna do utrzymania. A przynajmniej dyskusyjna. Zwykle jedno chce czegoś więcej niż tylko przyjaźni. Normalnie zaczyna się robić dopiero w tym wieku, w jakim jestem. Można wypić wódeczkę i porozmawiać.

Choć tak naprawdę najlepiej czuję się sama z sobą. Lubię pójść na spacer, niestety, teraz już sama, bo nie mam psa, czy obejrzeć film Woody'ego Allena. Chyba zresztą nigdy nie odczuwałam potrzeby przyjaźni. A im dłużej żyję, tym bardziej odnoszę wrażenie, że, podobnie jak miłość i seks, jest przereklamowana. Choć gdybym miała pojechać na bezludną wyspę, to tylko z mężczyzną. A najchętniej z trzema. W kolejności alfabetycznej: z Woodym Allenem, Arturem Andrusem i Wojciechem Karolakiem.

Myślenie

Naukowcy podobno stwierdzili, że mężczyźni myślą o seksie cztery razy częściej niż kobiety. A ja bym zaryzykowała twierdzenie, że kobiety po prostu myślą wolniej. Nie tylko o seksie zresztą.

Jesteśmy bardziej emocjonalne niż mężczyźni i nierzadko najpierw coś powiemy lub zrobimy, a potem dopiero pomyślimy. Sama tak mam, niestety.

Oczywiście nie twierdzę, że wszystkie panie tak mają, tak jak nie każdy mężczyzna myśli o seksie cztery razy częściej niż kobiety. Niektórzy, jak podejrzewam, myślą jeszcze częściej. A niektórzy rzadziej. Ustalenia naukowców odnoszą się do statystycznego faceta.

Przeciętna kobieta bywa często szybsza w mowie i w uczynku niż w myśleniu. Najpierw coś chlapnie albo zrobi, a dopiero potem próbuje złapać kontakt z rozumem. A gdy jej się to wreszcie uda, nierzadko żałuje wypowiedzianych słów i podjętych decyzji. Moja znajoma na przykład... wyrzuciła faceta, z którym była cztery lata. A gdy w końcu to zrobiła, zaczęła bardzo żałować... że nie zrobiła tego znacznie wcześniej. Potrzebowała aż czterech lat, żeby podjąć taką decyzję. Gdyby ona wycinała mu takie numery, jak on jej, wyrzuciłby ją maksymalnie po czterech miesiącach! Właśnie dlatego twierdzę, że kobiety myślą wolniej.

MOJA PRACA

Studia

Chciałam iść na dziennikarstwo. Jednak wyperswadowała mi to pani z kuratorium, która tuż przed maturą przyszła do mojej szkoły, czyli liceum imienia Żmichowskiej. Bo kiedy jej wspomniałam o dziennikarstwie, to po spotkaniu odwołała mnie na bok i zapytała, czy jestem w Związku Młodzieży Socjalistycznej, a ja uczciwie odpowiedziałam, że nie należę do młodzieżówki partyjnej jako jedyna w klasie zresztą. I wtedy usłyszałam od niej, żebym dała sobie spokój, bo i tak mnie na ten wydział nie przyjmą. Takie były czasy.

W konsekwencji złożyłam papiery na anglistykę. Ponieważ jednak wcześniej marzyłam o dziennikarstwie, to do niczego innego się nie przygotowywałam, więc z angielskiego po prostu byłam słaba. Na egzaminy poszłam na zupełnym luzie i zaraz po nich wyjechałam na wakacje, nie zawracając sobie głowy tym, czy zdałam. Jako kobiecie, w przeciwieństwie do moich kolegów, nie groziła mi zaszczytna obowiązkowa dwuletnia służba wojskowa.

Na wydział za to biegali codziennie moi rodzice. I zepsuli mi końcówkę krótkiego wyjazdu telegramem z informacją, że się dostałam. Nie było chyba gorszej wiadomości niż ta.

Od października zaczęłam chodzić na zajęcia w gmachu przy Krakowskim Przedmieściu, obok kościoła Świętego Krzyża. W budynku mieściła się nie tylko filologia angielska, ale także... wydział dziennikarstwa. Dlatego zamiast na swoich zajęciach, zaczęłam się pojawiać na wykładach i ćwiczeniach z... dziennikarstwa. W końcu prodziekan tego wydziału zauważył, że mają nielegalnego wolnego słuchacza. Poprosił mnie na rozmowę. Wyjaśniłam, że na anglistykę trafiłam niechcący i chyba go przekonałam, bo ustaliliśmy, że jeśli zdam dodatkowy egzamin, to przyjmą mnie na drugi rok dziennikarstwa. Tak też się stało. Z dwóch semestrów teoretycznie spędzonych na anglistyce praktycznie nic nie zostało mi w głowie. Z dziennikarstwa zrezygnowałam po trzech latach studiów, bo się rozczarowałam. To były zajęcia z polityki, a mnie interesowało radio.

Praktyki studenckie

To była nauka, jak przeżyć. Czasem w dosłownym tego słowa znaczeniu.

Po pierwszym roku dziennikarstwa trafiłam na praktyki studenckie do „Przeglądu Sportowego". To musiała być kara niebios, i to awansem za wszystkie grzechy, jakie dopiero miałam popełnić w życiu, bo od dziecka nie interesowałam się sportem.

Już pierwszego dnia wysłano mnie na jakąś walkę bokserską. Nie miałam absolutnie pojęcia, o co chodzi w tym, że dwóch facetów okłada się pięściami po całym ciele. Napisałam (zresztą zgodnie z prawdą), że zawodnicy zaraz po wyjściu na ring się pobili, a sędzia odesłał ich do narożników i walka się nie odbyła. Redaktor naczelny, gdy skończył czytać mój tekst, wrzucił maszynopis do kosza, mrucząc pod nosem coś o kobietach i boksie. Jego słowa nie nadają się do przytoczenia drukiem, ale ogólnie chodziło mu o to, że się nie znają. Gdyby nie to, że redakcja była bardzo męska, to staż skończyłby się bardzo kiepsko. Na szczęście kilku starszych kolegów zaopiekowało się „zagubioną" studentką, która z wyglądu trochę przypominała kobietę. I się udało. Tekst się ukazał, a nawet kilka kolejnych też.

Następnie były praktyki w „Gazecie Krakowskiej". Już sam wyjazd do Krakowa potraktowałam jako kolejną karę niebios. Nie lubię tego miasta, jest takie okropnie stare i brudne. Wolę czystość i duże przestrzenie. Potem było już tylko gorzej, bo spodziewając się zaliczki, od razu po przyjeździe wydałam wszystkie pieniądze. Wtedy nie wiedziałam, że krakusów nazywa się, całkiem zresztą słusznie, centusiami. Zaliczki oczywiście nie dostałam, więc nie miałam za co wykupić obiadów w redakcyjnej stołówce. I chociaż od zawsze próbuję rzucić jedzenie (zazwyczaj bezskutecznie), widmo głodu zajrzało mi w oczy.

Kombinowałam, jak mogłam, żeby mieć co jeść. Najpierw żyłam z kaucji; oddawałam do punktu skupu szkła butelki po wódce. Tych na szczęście znajdowałam całkiem sporo w toaletach akademika, w którym mnie zakwaterowano. Nie była to fortuna, ale starczało na chleb i pasztet. Niestety, skończył się semestr, studenci rozjechali się do domów i wraz z nimi zniknęły puste butelki. Pełne zresztą też.

Zaliczki, mimo kolejnych próśb, nie dostałam, a koledzy z redakcji, jak to centusie, pieniędzy nie chcieli pożyczyć. Nie wiem, czy robili to dla zasady, czy dlatego że chcieli utrzeć nosa smarkuli z Warszawy. A ja byłam coraz bardziej zdesperowana i nie wiedziałam, jak przeżyć kolejne trzy tygodnie do wypłaty. Widmo śmierci głodowej było naprawdę realne. W końcu znalazłam sposób. W redakcyjnej stołówce na każdym stoliku były koszyczki z pokrojonym chlebem. Przeszłam się po jadalni i z każdego wzięłam kilka kromek. Gdy wróciłam do redakcji, torba, w której miałam swoje trofeum, otworzyła się, bo puścił zamek, i chleb wypadł na podłogę. Mimo że nikt nie powiedział ani słowa, o mało nie spaliłam się ze wstydu. Ale trzeba było jakoś przeżyć, więc i tak podkradałam chleb codziennie aż do wypłaty.

Poczucie humoru

Mam raczej mało poważne podejście do życia, zapewne dlatego część osób nazywa mnie satyryczką. Sama nie wiem, czy to, co piszę, to satyra, czy coś innego. Ja po prostu tak mam. Ze mną jest zresztą trochę jak z Leninem i radziecką partią z wiersza Majakowskiego: „mówimy – Lenin, a w domyśle – partia". Mówisz – Czubaszek, słyszysz głos Ireny Kwiatkowskiej. Bo to przede wszystkim za jej sprawą zaistniałam w świadomości słuchaczy jako autorka słuchowisk radiowych. Nie dlatego, że napisałam doskonały skecz, ale wyłącznie dzięki jej mistrzowskiej interpretacji mojego raczej przeciętnego tekstu.

To, co piszę, śmieszy tylko za sprawą wykonujących te dialogi aktorów. Notabene swoje teksty zawsze pisałam pod konkretne osoby. Tworząc je, wyobrażałem sobie, jak konkretną kwestię powie: Wojtek Pokora, Krysia Sienkiewicz, Basia Wrzesińska czy właśnie Irena Kwiatkowska. Gdyby miała wykonywać je pani Cichopek albo bracia Mroczkowie, to nikt nigdy nie usłyszałby o mnie... W ich wykonaniu to byłoby gówno.

Uważam, że jeżeli, tak jak ja, pisze się średnie teksty, to przynajmniej powinni je wykonywać najlepsi aktorzy. Powiedzmy sobie szczerze, zajmuję się pisaniem tylko dlatego, że nie potrafię robić nic innego. Traktuję to jak zlecenie. Zapewne gdybym umiała gotować, to ktoś dzwoniłby i prosił: Ugotuj sto pierogów. A tak dzwonią i mówią: Prosimy o felieton, wywiad albo wpis na blogu. Wtedy siadam i piszę, bo nie mam innego wyjścia. Po prostu muszę zarabiać, ale nie ukrywam, że nie lubię swojej pracy. Nie wiem zresztą, czy piszę śmiesznie. Bo trudno to sprawdzić. Karolaka i tak bawi wszystko, co robię albo mówię, i to niezależnie od tego, czy robię to na poważnie, czy nie. Zresztą nie jestem pewna, czy w ogóle do niego dociera to, co mówię. Na sto procent słuchała mnie w domu tylko jedna osoba – mój pies.

Moje teksty

Nie lubię pisać w poważny sposób, mimo że czasem zdarza mi się mówić o sprawach ważnych. Po prostu głupoty to moja specjalność, choć nie twierdzę, że jestem w tym najlepsza.

Tego na przykład, że głupota jest chorobą genetyczną i należy ją leczyć, w życiu bym nie wymyśliła. A James Watson, słynny amerykański genetyk i biochemik, już blisko piętnaście lat temu ogłosił to światu. Nie wiem jednak, czy w końcu poddał się również leczeniu. Podejrzewam, że to był przypadek nieuleczalny. Chociaż teraz podobno wszystko da się leczyć. Nawet homoseksualizm. Tak przynajmniej uważa pani profesor Pawłowicz. Głupota, jak pisał Stanisław Jerzy Lec, jest wielkim darem bożym. Ale nie należy go nadużywać. Podejrzewam jednak, że pani profesor bliżej do wspomnianego genetyka.

Radio

Stawiając pierwsze kroki w radiu, najbardziej bałam się chyba mikrofonu. Pisałam swoje teksty i absolutnie nie chciałam występować na antenie, więc koledzy nieraz wciągali mnie siłą do studia, a potem łaskocząc i rozśmieszając, próbowali zmusić, żebym coś powiedziała na antenie albo chociaż wydała z siebie jakikolwiek dźwięk.

Moja przygoda z radiem zaczęła się w tysiąc dziewięćset sześćdziesiątym roku, kiedy jeszcze studiowałam dziennikarstwo. Obowiązywał wówczas przepis, który mówił, że dziennikarze pracujący w radiu na etacie nie mogą pracować przy tworzeniu materiałów reklamowych. Tymczasem akurat Biuro Reklamy Polskiego Radia potrzebowało autorów. Dlatego kandydatów do pracy szukali wśród studentów. Zadebiutowałam sloganem reklamowym: „Jeśli chcesz mieć radio, to sobie kup". W biurze reklamy, gdzie niemal z miejsca dostałam etat, zajmowałam się wymyślaniem haseł typu: „Najlepsza do prania jest pralka Frania". Nie wiem zresztą, po co było je reklamować; w sklepach były wówczas tylko Franie, i to tylko wtedy, jeśli je akurat „rzucili". Ludzie więc kupowali wszystko, co dało się w danej chwili dostać, bo nie mieli innego wyboru.

W tej samej redakcji reżyser Jerzy Dobrowolski robił świeży wciąż, co tydzień nowy „Kabarecik reklamowy". Świetną i inteligentną audycję z tekstami znanych autorów i w wykonaniu świetnych aktorów. Tak się złożyło, że potrzebował kogoś do pomocy. Byłam najmłodsza w zespole biura reklamy, więc trafiło na mnie; moi starsi koledzy uznali, że taka praca będzie uwłaczać ich godności. Początkowo moim zadaniem było przede wszystkim przynoszenie kawy i kanapek oraz dzwonienie do autorów, kiedy zleceniodawcy żądali poprawek w ich tekstach. Zostałam oddelegowana przez redakcję do tak zwanej opieki technicznej, więc kiedy autorom nie chciało się nanosić zmian, robiłam to za nich. Praca trochę typu „przynieś, podaj, pozamiataj". Ale asystowałam przy nagraniach wielkich aktorów i szalenie mi to imponowało. W pewnym momencie zaczęłam nawet przerabiać teksty Jeremiego Przybory i Janusza Minkiewicza, bo im się nie tylko nie chciało nanosić zmian, ale czasem w ogóle wymyślać poprawek. Dobrowolski obserwował, jak dłubałam w tych tekstach, i w końcu zapytał, czy sama nie chciałabym czegoś napisać. Początkowo odmawiałam, bo nigdy nie wyobrażałam sobie siebie jako autorki rozrywkowej, ale on nie odpuszczał. W końcu uległam jego namowom i napisałam tekst, bo nigdy nie byłam asertywna. Dobrowolski wziął do ręki maszynopis, rzucił okiem i nie czytając całości, powiedział, żebym skróciła.

Co też zrobiłam absolutnie bez żalu. Zresztą, do dzisiaj tak mam, że cokolwiek napiszę, to przed oddaniem do redakcji skracam. I tak powstał *Dymek z papierosa*. Mój pierwszy tekst „grali": Irena Kwiatkowska, Wojtek Pokora, Boguś Kobiela i Jurek Dobrowolski. Zawsze miałam szczęście do znakomitych wykonawców.

Do Trójki przeszłam dzięki temu, że ówczesny kierownik redakcji rozrywkowej Jacek Janczarski usłyszał, pewnie przypadkowo, parę moich słuchowisk. Dość niespodziewanie dla mnie samej zadzwonił i zapytał, czy nie chciałabym pisać dla nich. Oczywiście, że bardzo chciałam, bo wtedy praca dla Programu Trzeciego była nobilitacją. I kiedy po krótkiej współpracy zaproponował mi przejście na etat, to rzuciłam Jedynkę bez wahania. Choć nie bez oporów, bo kierownik biura reklamy naprawdę walczył o mnie niczym rząd PiS o „odzyskanie" Trybunału Konstytucyjnego, dlatego do akcji musiał się włączyć osobiście Jan Mietkowski, ówczesny szef Trójki. I się udało. Przy Myśliwieckiej pracowałam najpierw w zespole *Ilustrowanego Tygodnika Rozrywkowego*, a następnie *Ilustrowanego Magazynu Autorów*. Choć nie obyło się bez pewnych nieporozumień. Bo nie wyobrażałam sobie, żeby moje nagrania reżyserował ktokolwiek inny niż Jurek Dobrowolski, więc trochę obraził się na mnie reżyser związany z ITR.

Początki w Trójce nie były łatwe. A wszystko dlatego, że wszyscy autorzy ITR, czyli: Adam Kreczmar, Jacek Janczarski, Jonasz Kofta, Janek Stanisławski i Stefan Friedmann, większość swoich tekstów wykonywali sami. Natomiast ja pisałam wyłącznie dla aktorów. Kreczmar i Janczarski, którzy audycję prowadzili, wciągali mnie często do studia, żebym coś powiedziała na antenie. A ja milczałam jak grób. Czasem mnie nawet łaskotali, żebym chociaż pisnęła, ale ja się zaparłam i milczałam. Po prostu uważałam, że nie mam radiowego głosu. A poza tym wolę pisać, bo nie mam nic ciekawego do powiedzenia. Koledzy w końcu dali spokój, natomiast słuchacze coraz intensywniej dopytywali, czy ja istnieję, czy też Czubaszek to pseudonim któregoś z autorów ITR. W końcu Janek Stanisławski postanowił z tego zrobić żart i ogłosił konkurs z pytaniem: Czy Czubaszek to postać autentyczna, czy pseudonim prezesa Radiokomitetu?

Dowcip przeszedł, bo to była jeszcze era Włodzimierza Sokorskiego, a nie „krwawego Maćka", czyli Macieja Szczepańskiego – bezwzględnego i wszechwładnego prezesa radia i telewizji.

W końcu nastąpił jednak *coming out*. Pamiętam to jak dziś, bo był to moment, kiedy skończyłam palić carmeny, a zaczęłam salemy. Wówczas to były ekskluzywne papierosy i można je było dostać tylko za zachodnią walutę w Pewexach. Ujawnienie się tak bardzo utkwiło w mojej pamięci dlatego, że pojechaliśmy z całą redakcją ITR na zaproszenie stoczniowców do Szczecina. I tam w porcie udało mi się kupić od jakiegoś marynarza wracającego z rejsu parę kartonów salemów, i to za pół ceny oficjalnej! W każdym razie podczas tego spotkania w stoczni Kreczmar z Janczarskim wyciągnęli mnie na scenę, a następnie uroczyście ogłosili: To właśnie Maria Czubaszek. Stoczniowcy niedowierzali, całkiem słusznie argumentując, że każdą dziewczynę można tak przedstawić. Kreczmar poprosił więc, żebym pokazała legitymację radiową. Legitymacja tak długo krążyła wśród publiczności, aż zginęła. Do Warszawy wróciłam za to z papierosami i gotowa do występowania przed mikrofonem. Bo do publicznych występów dalej nie mam serca z powodu lekkiej tremy.

Cenzura

Miałam z nią kiedyś straszny kłopot, bo nie czepiali się mnie zupełnie. Kiedy zaczynałam jeszcze w radiowej Jedynce, a potem w radiowej Trójce, to moi koledzy bardzo często mieli ingerencje cenzury w swoich tekstach. Właściwie chyba wszyscy autorzy z ITR byli regularnie wzywani przez cenzora, tylko nie ja. Początkowo mnie to cieszyło, ale później poczułam się wykluczona i gorsza od pozostałych. Pewnie tak samo musiał czuć się Jarosław Kaczyński, kiedy nie został internowany po wprowadzeniu stanu wojennego.

Niestety, zawsze lubiłam humor mocno abstrakcyjny, w stylu angielskim. I po prostu cenzura nie miała czego się czepiać, bo w moich skeczach naprawdę nie było ani słowa o polityce. Dlatego poczułam prawdziwą dumę, gdy niespodziewanie usłyszałam od kierownika, który zaniósł do kontroli nagraną audycję, że wzywa mnie cenzor. Od razu pochwaliłam się tą informacją całej redakcji. Potem rzuciłam okiem na tekst i zaczęłam szukać, o co może chodzić. Tylko to było trochę jak z Kubusiem Puchatkiem poszukującym swojego przyjaciela. „Im bardziej Puchatek zaglądał do środka, tym bardziej tam Prosiaczka nie było". A ja, im dłużej przeglądałam swój tekst, tym bardziej nie mogłam znaleźć niczego, co byłoby choćby cieniem aluzji politycznej. Do cenzora poszłam lekko zdezorientowana, bo nie wiedziałam, czego się spodziewać po tej rozmowie.

Weszłam do gabinetu, cenzor popatrzył na mnie i ciężko westchnął.

– Nawet pani zaczyna tak pisać? – stwierdził rozdrażniony.

Nie bardzo rozumiałam, o co chodzi, więc zapytałam:

– Ale konkretnie jak?

Zamiast odpowiedzieć, po prostu puścił fragment mojego skeczu. Posłuchałam, nic złego tam nie było. Widząc, że nie rozumiem, powtórzył drugi i trzeci raz. Jednak mimo szczerych wysiłków nie wiedziałam, o co może mu chodzić.

Cenzor, widząc, że ja chyba naprawdę nic nie rozumiem, w końcu wskazał fragment, w którym Kazio, czyli Wojtek Pokora, przyszedł do cioci, czyli Kwiatkowskiej. Ta, witając go, zauważa, że szalik cały w dziurach, więc pyta, skąd one się wzięły. Widzi ciocia, żółty i czerwony się gryzą – tłumaczy gość. Cenzor popatrzył na mnie znowu, tym razem triumfalnym wzrokiem.

– Ale te kolory rzeczywiście się gryzą – stwierdziłam.

I on wtedy nie wytrzymał.

– Przecież czerwony to kolor ZSRR, a żółty to Chińska Republika Ludowa!

– Dobrze, zmienię na zielony i czerwony.

– Zielony to ludowcy, a czerwony to PZPR.

– To może zmienić na fiolet?

– Ależ fiolet to kolor biskupi, proszę to wyciąć i koniec.

Poddałam się i wycięłam; tak wyglądała jedyna ingerencja cenzury w moją twórczość. Dziś to już przeszłość. Choć nie taka oczywista. Zdarza się, że na przykład na spotkaniach autorskich słyszę pytanie, czy wolno śmiać się z papieża. Odpowiadam, że można śmiać się ze wszystkiego, ale pod warunkiem, że żart jest na jakimś poziomie, a nie prostacki.

Mam opowiedzieć taki dowcip? Proszę bardzo.

Po śmierci Jan Paweł II trafił do nieba. Ale wcześniej postanowił pójść i zobaczyć, jak wygląda piekło i czyściec. W piekle trafił akurat na obiad. Na grillu piekła się świnka,

piwo lało się strumieniami, muzyka grała. Jednym słowem, wspaniała uczta. Posiedział trochę i ruszył dalej. W czyśćcu było na podobnym poziomie. W końcu zmęczony ruszył do raju. Chciał coś zjeść, jednak na stole zobaczył tylko wodę i chleb. Stanął więc przed obliczem Pana i pyta:
– Panie Boże! Jak to jest, że u nas jest tak marnie z jedzeniem? W czyśćcu już mają lepsze jedzenie, a w piekle mają same smakołyki.

– Bo widzisz, Karolu, dla nas dwóch nie opłaca się gotować.

„Szpilki"

Ten tygodnik to była moja druga i ostatnia stała praca. Etat dostałam od Witolda Fillera, ale z pismem zaczęłam współpracować wcześniej, jeszcze na dość specyficzne zaproszenie Krzysztofa Teodora Toeplitza. Podczas jakiegoś spotkania stwierdził:
– Prywatnie nie lubię tego, co pani pisze. Mnie to po prostu nie śmieszy; ale wy z ITR teraz jesteście tacy popularni... Ale nie wpadłam w rozpacz, tylko pisałam.

Etat w „Szpilkach" przyjęłam tylko dlatego, że zlikwidowano moją redakcję w Trójce. Widziałam, że nie ma czego szukać w radiu i nie przejdę do zespołu, którym miał kierować Marcin Wolski, zwłaszcza że mnie do niego nie zapraszał. W jakimś programie telewizyjnym poznałam Fillera, który zaproponował mi etat. Przyjęłam, bo trafiali do niego wszyscy, których lubiłam: Jacek Janczarski, Adam Kreczmar, Janek Pietrzak.

Pisanie tekstów humorystycznych, w mojej ocenie, szło mi bardzo opornie. Chociaż to, co tam się ukazywało, nawet się ludziom podobało; doceniono mnie w plebiscycie czytelników. Zajęłam drugie miejsce, pierwszy był Jerzy Urban. Ale wolałam pisać teksty dla aktorów niż do gazety, bo zawsze sobie wyobrażałam, jak oni czytają te kwestie. Dlatego szybko przestawiłam się na wywiady z różnymi ludźmi i tym się głównie w „Szpilkach" zajmowałam.

Raz w tygodniu odbywało się kolegium redakcyjne. Filler, poza tym, że był mocno partyjny, miał jeszcze jedną wadę – był cholerykiem. W czasie kolegiów zawsze koszmarnie wrzeszczał.

Praca w „Szpilkach", w porównaniu z radiem, miała jeszcze jedną wadę. Do redakcji trzeba było jeździć rano, tak żeby już koło dziesiątej być na miejscu. A potem trzeba było posiedzieć przy swoim biurku. Co się robiło w tym czasie, nie powiem, ale zdradzę, że siedząc vis-à-vis Kreczmara, bałam się otworzyć jakąkolwiek szufladę, bo wypadały z nich butelki po winie...

Na szczęście istniało też życie towarzyskie. Obok redakcji, na rogu Brackiej i placu Trzech Krzyży, była kawiarnia Antyczna. Tam mieliśmy stale zarezerwowane stoliki dla naszej redakcji. Biurka na kawiarniane stoliki zmienialiśmy na szczęście już koło godziny jedenastej, więc dało się jakoś wytrzymać w tej pracy.

A kiedy już się przyzwyczaiłam do pracy w redakcji gazety, komuna upadła. Nikt nie wiedział, co zrobić ze „Szpilkami". Była nawet propozycja, żeby przejąć gazetę, założyć spółdzielnię pracy. Tyle że nikt z nas nie miał głowy do biznesu. Umieliśmy tylko pisać. W końcu nasze „Szpilki" kupił jakiś biznesmen. Potem przeniesiono nas na doczepkę do redakcji tygodnika „Piłka Nożna", którą kierował nasz nowy właściciel. Szybko się okazało, że ten pan zupełnie nie zna się na wydawaniu pisma satyryczno-literackiego. I szybko wszystko się rozlazło. Głównie do innych redakcji. A ja wtedy obiecałam, że już nigdy nie będę nigdzie pracowała na etacie i konsekwentnie trzymam się tego postanowienia. Co jakiś czas znany rysownik, pan Sadurski, proponuje reaktywację „Szpilek". Ale my, sieroty po tym piśmie, wybijamy mu to z głowy. W dobie internetu i tych wszystkich żartów znajdujących się w sieci, takie pismo nie ma racji bytu.

Życie knajpiane

To był element naszej pracy. Fajny. Przy wódce toczyło się mniej i bardziej poważne rozmowy. Powstawały ciekawe pomysły. A do tego świetnie się bawiliśmy.

Miałam koło dwudziestu lat, gdy zaczęłam pracę w Trójce. Po nagraniach nasza redakcja (oraz współpracujący z nami aktorzy) szła do SPATiF-u. A tam bywała cała gama barwnych ludzi. Zaczynając od szatniarza, pana Frania, który bardziej niż przechowywaniem garderoby klientów zajmował się pokątnym handlem walutą i bonami towarowymi PKO, przez dziennikarza sportowego Janusza Atlasa (miał zwyczaj pić setkę na sępa przy każdym stoliku, bo był strasznym sknerą), po takie wybitne postacie jak Janusz Minkiewicz. Tajemnicą poliszynela było to, że ten ostatni jest alkoholikiem. Ale miał ogromną dyscyplinę w tym wszystkim, bo w ciągu dnia nie pił. Przychodził dopiero wieczorem. Pamiętam jego ulubione powiedzenie: „Piłeś? Nie jedz!". Bo albo się pije, albo się je.

Kiedy nudziło nam się w SPATiF-ie szliśmy na Foksal do Stowarzyszenia Dziennikarzy, potem do Architektów, a kończyliśmy w Klubie Filmowców, tak zwanym Ścieku. A w nocy, gdy nie było taksówek i autobusów, żeby wrócić do domu i tam choć chwilę odpocząć, zatrzymywało się polewaczkę, która czyściła ulice. Z tyłu był schodek, na którym można było wygodnie jechać. A jak się dało kierowcy parę złotych, to dowiózł swojego autostopowicza w dowolne miejsce.

Kiedy zmieniłam pracę na redakcję „Szpilek", zmieniłam też knajpy, w których bywałam. Razem z kolegami zaczęliśmy chodzić do Antycznej niedaleko placu Trzech Krzyży. To tam przy jednym ze stolików, po sporze między Jankiem Pietrzakiem a Agnieszką Osiecką, powstał tekst piosenki *Czy te oczy mogą kłamać?*

A potem skończyłam pracę na etacie. I skończyły się knajpiane czasy. Przestałam mieć potrzebę spędzania z innymi ludźmi aż tak wiele czasu. Zmieniły się też same knajpy. Na gorsze. Nie mówię nawet o wywieszonych wszędzie zakazach palenia. Chodzi o atmosferę. Jakiś czas temu umówiłam się bodajże z Kaziem Kaczorem. Zaproponował, żebyśmy jak za dawnych czasów spotkali się w SPATiF-ie. Zgodziłam się, bo nie byłam tam od wieków. Weszłam i się rozczarowałam. Zobaczyłam, jak to miejsce się zmieniło i, niestety, jak większość zmian, z którymi mamy ostatnio do czynienia, nie była to dobra zmiana. Z tego miejsca zrobiła się zwykła knajpa, na dodatek raczej nie najlepsza.

Blog

To nie był mój pomysł, żeby coś takiego pisać. Zwłaszcza że komputer traktuję jako maszynę do pisania. Owszem, umiem nawet coś wysłać przez internet, ale szczerze mówiąc, niewiele więcej. Jednak nie dlatego to nie ja wymyśliłam tego bloga. Ja po prostu nigdy nie wpadam na nic sama, to znaczy niczego sama nie proponuję. Nie dlatego, że jestem jakaś przesadnie skromna czy leniwa. Po prostu nigdy nie miałam pokusy, aby pisać do szuflady. Tak się złożyło, że zawsze pracowałam dopiero wtedy, gdy ktoś zaproponował mi temat.

Nawet kiedy byłam małą dziewczynką, nigdy nie miałam potrzeby pisania pamiętników. Więc sama z siebie nigdy nie pisałabym bloga. Bo i po co? Kogo obchodziłoby to, co robię? Zupełnie nie rozumiem zachwytu gwiazdkami, jakąś Cichopek czy innymi celebrytkami. Zanudzają na tych swoich blogach tym, co zjadły albo co kupiły. I po co? Czy to jakoś wpłynie na świat? Czy ludzie naprawdę muszą być informowani o tym, co one robią?

Podobno ludzie piszą blogi, bo coś im w duszy gra. Ale nie mnie! Mnie nic w duszy nie gra, ewentualnie czasem coś świszcze w płucach, ale to raczej przez papierosy. Wiem, jest taka moda, że starsze panie piszą bajki dla dzieci, pewnie dlatego, że na starość dziecinnieją, ale ja się mody nie trzymam. Poza tym nigdy nie miałam pomysłu, żeby pisać dla konkretnego odbiorcy. Dlatego jeśli już muszę pisać, to robię to dla tych, którzy zamawiają u mnie teksty. Proszę mi wierzyć, ja naprawdę bardzo nie lubię pisać. Nie po to żyję, by pisać, tylko piszę po to, by żyć. A na dodatek niczego innego nie potrafię robić, ale to nie znaczy, że w tej dziedzinie jestem mistrzem. Na szczęście nie robię dużej szkody ludziom swoim pisaniem, bo nie każdy musi czytać moje wywody. Strach pomyśleć, co by było, gdybym została kucharką.

Najchętniej to już od dawna nie pracowałabym, bo uważam, że strasznie dużo się napisałam. Na szczęście do pisania głupot, jakie tworzę, nie jest potrzebne natchnienie, tylko motywacja. A tą motywacją u mnie są na ogół dwa albo trzy niezapłacone rachunki leżące obok komputera. Wtedy czekam na jakieś zamówienie i zaczynam pisać.

I tak było z blogiem; portal Wirtualna Polska zaproponował, żebym zaczęła pisać swój pamiętnik sieciowy. Nie tylko ja zresztą, bo też Artur Andrus i Andrzej Poniedzielski. Zgodziłam się, dla pieniędzy oczywiście. Nazwa „Blog niecodzienny" wzięła się nie od tego, że był taki znakomity, ale od częstotliwości aktualizacji. Bo nie lubię aż tak często pisać. Na szczęście w umowie zastrzegłam sobie, że mam wysyłać cokolwiek, nieważne, czy te moje blogowe teksty będą krótkie, czy długie. Ważne tylko, żeby pojawiały się w internecie co dwa dni. Po podpisaniu umowy zaczęłam kombinować, co by tu zrobić, żeby sobie życie ułatwić i żeby pisanie sprawiało mi jak najmniej trudu i nie zabierało zbyt dużo czasu. Od samego początku wiedziałam, że nie będą to wpisy dotyczące tego, jak żyję, gdyż uważam, że moje życie aż tak ciekawe nie jest. Poza tym guzik kogoś obchodzi to, czy się dziś pokłóciłam z Karolakiem alby czy też miałam jakieś nagranie. Uznałam, że najłatwiej będzie pisać dialog. To jest najwygodniejsza dla mnie forma zarówno pisania, jak i słuchania. W gazetach, z którymi współpracuję bądź współpracowałam, zmuszają mnie, żebym pisała monologi. A to przecież mnóstwo koszmarnych okrągłych zdań. Z dialogami jest inaczej, bo mogę sobie sama przerywać, mówić dynamicznie, używając kolokwializmów. Monologi naprawdę lepiej zostawić na wyłączność politykom. Pozostał tylko problem, z kim miałabym prowadzić dyskusje, i przyszła mi do głowy córka sąsiadki. Wymyśliłam ją jako całkowitą idiotkę. I zrobiłam to z premedytacją, żebym na jej tle wypadła na tę mądrzejszą. I tak pisałam przez blisko osiem lat. Pracy było przy tym naprawdę dużo, bo o godzinie szóstej wychodziłam z psem i kupowałam tabloidy. Wracałam do domu. Siadałam na podłodze. (Bo kiedy pracuję, to siadam po turecku na podłodze i opieram się o fotel, natomiast komputer kładę na niskim stoliku). Brałam kawę i zapalając papierosa, sprawdzałam, czy jest coś ciekawego w tych brukowcach. Nie ukrywam, że początkowo czytałam te gazety z lekkim obrzydzeniem, ale z czasem lektura zaczęła mnie wciągać. Jeśli akurat nic ciekawego w nich nie znalazłam, to oglądałam telewizję śniadaniową. I tak zainspirowana pisałam. To trwa dość długo, bo zazwyczaj więcej czasu poświęcam na palenie niż stukanie w klawiaturę. Zdarza się, że jeden papieros jeszcze mi się pali, a ja już zaczynam drugiego. Pewnie dlatego podłoga koło tego miejsca, gdzie siedzę, jest cała poprzypalana. Kiedy nad czymś myślę, to nie zawsze trafiam do popielniczki. Zresztą popiół najczęściej ląduje i tak na klawiaturze. Pan, który kiedyś reperował mojego laptopa, stwierdził, że w życiu czegoś takiego nie widział, bo wytrząsnął tonę spalonego tytoniu ze środka komputera. Pytana na spotkaniach autorskich, co mam na warsztacie, odpowiadam zgodnie z prawdą: popiół.

A kiedy kończyłam wpis na bloga, to go wysyłałam do redakcji i starałam się o nim zapomnieć. Nawet nie próbowałam wejść na stronę i zobaczyć komentarze pod nim. Może dlatego, że nie umiałam tego zrobić? Ktoś mi kiedyś pokazywał, jak się tam wchodzi, ale zapomniałam.

Czasem pojawią się pytania, dlaczego zrezygnowałam z bloga. Otóż najpierw zmienił się szef tego portalu. Potem ze współpracy zrezygnowali: Artur Andrus, Andrzej Poniedzielski i Magda Umer. Wykruszało się towarzystwo. A na koniec się dowiedziałam, że nie ma już dla mnie pieniędzy. Muszę przyznać, że odetchnęłam z ulgą, bo już miałam dość.

The best of... blog

Dzień bez polityki

piątek, 27 października 2006, 13:06

Jeden z komentatorów mojego bloga pyta, czy nie za dużo w nim polityki?

Za dużo. Co gorsza, nie tylko w moim blogu, ale również w naszym życiu. Jak powiedział kiedyś jakiś piekarz, u nas już nawet w bułce jest więcej polityki niż mąki.

A gdyby tak, wzorem dnia bez papierosa czy bez samochodu, ustanowić dzień bez polityki?

Przeprowadziłam swoją prywatną ankietę wśród znajomych. Zdecydowana większość była za. Z zastrzeżeniem jednak, że to się raczej u nas nie przyjmie. „Bo polityka (padł m.in. i taki argument) to bagno, a bagno, jak wiadomo, wciąga". Dyskutowałabym z tym. Gdyby nie wciągnęły mnie proponowane (przy okazji mojego dnia bez polityki) inne dni.

Np.: bez pieniędzy (propozycja znajomego, który utracił tzw. płynność finansową, a chciałby przynajmniej odzyskać poczucie solidarności z większością Polaków), bez męża (propozycja znajomej z 30-letnim stażem małżeńskim), bez sposoba na głoda (propozycja purysty językowego) czy wreszcie bez Kasi Cichopek (propozycja czytelniczki pisemek kobiecych).

Nie wiem, która z tych propozycji ma szansę się przebić. Osobiście, jeśli nie przejdzie mój dzień bez polityki, proponuję dzień, a nawet dwa, bez mojego bloga.

Spotkanie po latach

środa, 08 listopada 2006, 11:33

Zawsze powtarzam, że człowiek nie po to żyje, żeby jeść, ale po to je, żeby się odchudzać. Najlepszym dowodem na potwierdzenie tej hipotezy jest jedna z moich znajomych. Od kiedy pamiętam, odchudza się. Głównie, jak podejrzewam, między posiłkami. Mimo to, a może właśnie dlatego (bo podobno najgorsze jest tzw. podjadanie), co jakiś czas informuje z dumą, że schudła. Kiedy mówię, żeby się nie przejmowała, bo nie widać, nabzdyczona zapewnia, że codziennie się waży. Na uwagę, że nie chudnie się od ważenia, tylko od niejedzenia, przegląda się uważnie w lustrze i choć wciąga brzuch do granic bólu, markotnieje. Wtedy robi mi się głupio i mówię, że żartowałam. Przecież widać, że schudła. Łyka to za każdym razem. Bo łatwo jest uwierzyć w to, w co chce się wierzyć.

Wiem to po sobie. Wczoraj na przykład spotkałam kolegę ze studiów. W pierwszej chwili mnie nie poznał. A kiedy mu się przypomniałam (z imienia i nazwiska), przez moment przyglądał mi się z niedowierzaniem. Maria?! – wykrzyknął wreszcie z jeszcze większym niedowierzaniem. – Rany boskie! Ty w ogóle się nie zmieniłaś!!!

Biorąc pod uwagę, że nie widzieliśmy się dobre 30 lat, nie ukrywam, że zrobiło mi się tak jakoś przyjemnie...

Szkoda tylko, że nie mogłam mu się odwzajemnić tym samym. Cholernie się postarzał, niestety. A mówią, że kobiety starzeją się szybciej...

Chciałabym

poniedziałek, 11 grudnia 2006, 12:09

Nie jestem zawistna. Bardziej od innych. Mieszczę się chyba w granicach normy. Są więc tacy, którym nie zazdroszczę (jak ostatnio wicepremierowi Lepperowi czy posłowi Łyżwińskiemu), ale są i tacy, którym zazdroszczę bardzo. Najbardziej tym, którzy chcą być sobą. Tak przynajmniej mówią. A mówią tak prawie wszyscy. Ja natomiast od dziecka chciałam być kimś innym. Porobiło mi się tak z bajek. Dokładnie z tej o brzydkim kaczątku. Byłam bowiem dzieckiem o urodzie raczej nienachalnej. Kiedy więc usłyszałam, że z jakiejś paskudy wyrósł piękny łabędź, pomyślałam, że ze mną mogłoby być tak samo. Pod warunkiem oczywiście, że byłabym brzydkim kaczątkiem. A nie dzieckiem. I tak po raz pierwszy zamarzyło mi się być kimś innym. Nie muszę pisać, że nic z tego nie wyszło. W każdym razie na pewno nie wyrosłam na pięknego łabędzia. Co tam łabędzia! Nie wyrosłam na żadną piękność. Ale z marzeń o byciu kimś innym też nie wyrosłam. Ostatnio na przykład chciałabym być emerytką. W Ameryce. Albo w Niemczech. Albo nawet w Polsce. Tylko żeby emerytura była stamtąd.

Nie sądzę

środa, 10 stycznia 2007, 17:49

Mój mąż (Wojciech Karolak zresztą), który czasem, bardziej przez grzeczność niż z ciekawości, zagląda do mojego bloga, wyraził onegdaj zdziwienie, dlaczego tak często nawiązuję do córki naszej sąsiadki, której iloraz inteligencji oceniam na góra dwie cyfry

Czyżbym ją polubiła?

Na to wychodzi. W dzieciństwie moim ulubionym bohaterem był Kubuś Puchatek. Miś o Bardzo Małym Rozumku. A na starość człowiek podobno dziecinnieje. Choć z drugiej strony podobno mądrzeje. Moim zdaniem na pewno się starzeje. Co widać i słychać.

Na szczęście nie w telewizji. W niej nawet kremy przeciw zmarszczkom reklamują młode. Starsze, co najwyżej, kleje do protez zębowych i środki przeciw wzdęciom.

Bo o czym marzy kobieta, kiedy młodość już nie ta? Żeby nie wyleciały jej zęby i żeby jej nie wzdęło. A na koniec, żeby nie musiały jej dokarmiać gołębie.

Natomiast córka mojej sąsiadki, dałabym jej 30 lat (choć ona by pewnie tyle nie wzięła), zwierzyła mi się ostatnio, że marzy o zrobieniu kariery. Jakiejkolwiek. Byle nie naukowej. Odetchnęłam, ale z udanym zdziwieniem spytałam – dlaczego? Może jestem głupia – zachichotała – ale swój rozumek mam. Wie pani, ile zarabia naukowiec, a ile taka Mandaryna na przykład? Albo bracia Mroczkowie?!?

Nikomu do kieszeni nie zaglądam, ale mniej więcej się orientuję. Naukowcy zarabiają raczej mniej, gwiazdy więcej.

I tu doznałam olśnienia. Może stąd u nas coraz więcej gwiazd? Bo z talentu chyba nie zawsze. Oczywiście, mogę się mylić. Ale nie sądzę.

Honory i zaszczyty

Kiedy (w 2011 roku) dostałam telefon z Ministerstwa Kultury z informacją, że minister Bogdan Zdrojewski przyznał mi za pracę twórczą odznaczenie Zasłużony Kulturze Gloria Artis, bardzo mocno oponowałam, bo byłam pewna, że tego rodzaju wyróżnienia otrzymuje się wyłącznie pośmiertnie. Sekretarka ministra długo musiała mnie przekonywać, że nie powinnam się przejmować tym, że jeszcze żyję.

Kiedy już się uspokoiłam, bo wieści o mojej zbliżającej się śmierci okazały się przesadzone, to tak się przejęłam tym odznaczeniem, że oczywiście się pomyliłam, zapisując datę uroczystości. I kiedy miano mnie odznaczać, to zamiast pojechać do ministra, byłam w zupełnie innej części Warszawy.

Chociaż dzięki gapiostwu poczułam się trochę jak studentka, bo specjalnie zorganizowano drugi termin. Coś jak sesja poprawkowa dwa tygodnie później. A kiedy minister wręczył mi już ten medal, powiedział: Chyba najwyższy czas wyprowadzić panią na ogródek. Poczułam się trochę jak własny pies. I nie wiedziałam, co powiedzieć. A minister po prostu chciał mi dać okazję, żebym mogła sobie spokojnie zapalić.

Po uroczystości, jak tylko wróciłam do domu, to pierwsze, co postanowiłam zrobić, było schowanie tego medalu tak, żeby go nie zgubić. Muszę przyznać, że byłam bardzo skuteczna. Nie mogę go również znaleźć.

Spotkania autorskie

Nie rozumiem, dlaczego ludzie tak chętnie przychodzą na spotkania ze mną. Może chcą zobaczyć, czy tylko w telewizji tak wyglądam, a na żywo jeszcze gorzej? Żeby wiedzieli, jaką ja mam tremę. I wcale nie chodzi o wygląd. Zdążyłam się już przyzwyczaić do mojej nienachalnej urody. Czasem nawet słyszę komplementy, że wyglądam lepiej niż na ekranie. Ale ja wiem swoje. Również i to, że głupoty lepiej pisać niż mówić. Pisze się dobrze, bo papier jest cierpliwy i wiele zniesie, niestety, ludzie są jakby trochę mniej odporni. Pewnie dlatego na spotkaniach tak się denerwuję. Chociaż dla autora spotkania są również sposobem na dorobienie sobie, czego specjalnie nie ukrywam.

Do spotkań namówił mnie Artur Andrus, któremu nie odmawiam. W przeciwieństwie do Ewy Wachowicz nawet premierowi mogłabym odmówić, ale Andrusowi nigdy. We wszystko, co on zaproponuje, wchodzę w ciemno. I tak się zaczęło.

Pojechaliśmy razem do jakiejś biblioteki po to, żebym poprowadziła z nim spotkanie. Było super. Bo z Arturem zawsze mi się doskonale rozmawia. Na każdy temat. Nigdy się do rozmów nie przygotowujemy. Ani do tych w radiu, ani w telewizji, ani przed publicznością na żywo. Powiem więcej! Nie przygotowujemy się nawet do rozmów prywatnych. Pełna improwizacja.

Potem pani, która zajmuje się organizowaniem spotkań Artura, zaproponowała, żebym sama jeździła. Samej nie zawsze wychodzi mi tak dobrze. W jednej ze szkół pod Warszawą dyrektorka powiedziała uczniom, że przyjechała do nich Maria

Czubaszek, a uczniowie byli pewni, że stoi przed nimi Maria Konopnicka albo Dąbrowska. Dlatego musiałam ich przekonać, że ja to ja. Swoim zwyczajem oświadczyłam, że nie jestem stara, tylko tak wyglądam. I spytałam, ile by mi dali. Niestety, łaskawi nie byli i dali zdecydowanie za dużo. Zostało mi już tylko brnąć i zapytać, kto da więcej? Paru dało znacznie więcej. A później, kiedy pani prowadząca spotkanie dla podtrzymania rozmowy poinformowała, że pisałam między innymi teksty piosenek, na pytanie z sali (zadane chyba bardziej z grzeczności niż z ciekawości): Jakich? – lekko już wkurzona powiedziałam, że akurat *Bogurodzicy* na pewno nie napisałam.

Skandalistka

Nie mogę pojąć, dlaczego jestem określana tym mianem. Zupełnie tak siebie nie postrzegam. Ja po prostu nie lubię przeciętności i nie mam ochoty podporządkowywać się sztywnym regułom. Dlatego głośno mówię to, co myślę, i nie boję się konsekwencji.

Problem tkwi w tym, że Polacy ciągle są społeczeństwem tradycyjnym, zamkniętym w pewnych stereotypach i przyzwyczajonym do normalności w jej negatywnym znaczeniu. Wszystko, co nie jest przeciętne, co się wybija, jest nieakceptowane.

Nie wykluczam, że ta aura skandalu powoduje, że ludzie przychodzą pooglądać mnie i posłuchać, bo liczą, że coś chlapnę. A przecież ja tylko mówię głośno to, co myślą inni.

Szczerość

Jestem często karcona za to, co mówię. Nie rozumiem, dlaczego na przykład panuje przekonanie, że o ludziach, którzy nie żyją, można mówić albo dobrze, albo wcale. Nie wiem, jak jest na świecie, bo się nie szwendam za granicą, ale jak zauważyłam, w Polsce ten obyczaj jest kultywowany z jakimś dziwnym uporem. W efekcie różne osoby nie tylko przeze mnie uznawane za skurwysynów, jak tylko umrą, stają się natychmiast nietykalne. Pamiętam takiego wiceministra kultury Janusza Wilhelmiego. To właśnie on wykończył nasz program radiowy w Trójce. I przy jakiejś okazji, wspominając dawne czasy, wyraziłam się o tym panu, uważam, że całkiem zasłużenie, per skurwysyn.

– Ale on nie żyje! – żachnął się jeden z moich kolegów.

– I co z tego, że nie żyje; mówię, jaki był za życia – odparowałam.

Kolega nie był przekonany. A ja nie jestem w stanie pojąć, czy jak ktoś umrze, to ten fakt od razu go uświęca i w związku z tym nie można już nic złego o nim powiedzieć? Dlaczego nawet o największych draniach, kiedy umrą, mówi się „świętej pamięci". Co za świętość? Ja pod tym względem jestem nietypowa, więc ktoś się mnie czepnie. Ale się tym nie przejmuję. Zresztą, zawsze powtarzam, że wiem, że nie wszyscy mnie lubią. Ostatnio nawet pod jednym z EMPiK-ów zorganizowano protest przy okazji premiery poprzedniej mojej książki. Obsługa tak się wystraszyła tych młodych protestujących, że nawet książki pochowała. A ja się tym nie przejmuję. Nie każdy musi się ze mną zgadzać. Wiem, że czasem mi się oberwie, ale nie zamierzam przestać mówić szczerze.

Pieniądze

Pieniądze podobno szczęścia nie dają, ale jak twierdzi znana piosenkarka Madonna, a ja zgadzam się z nią w tej kwestii bezwzględnie, pozwalają się bez niego obyć. Mój ukochany Woody Allen mówi: Bogactwo jest lepsze od ubóstwa. Choćby tylko ze względów finansowych.

Dlatego jeśli ktoś nie ma w życiu szczęścia, to przynajmniej powinien mieć pieniądze, żeby mógł sobie kupić to, co pozwoli mu poczuć się lepiej. Dlatego żałuję, że nie urodziłam się bogata, bo najchętniej pławiłabym się w tym bogactwie: paliła papierosy, piła campari i miała wokół siebie zwierzęta, na które przeznaczałabym prawie wszystkie swoje pieniądze. Resztę wydałabym na Karolaka i inne drobne przyjemności.

Niestety, nie mam od czego odcinać kuponów, nie odłożyliśmy też z Karolakiem nic na czarną godzinę. Zresztą z czego można było odłożyć? Zarobki w PRL-u nie należały raczej do oszałamiających, na życie starczało, ale nie było możliwości odkładania. A to, co zostało odłożone, i tak straciło wartość. Mówi się, że pieniądze szczęścia nie dają. Ale im jestem starsza, tym bardziej jestem przekonana, że tak się tylko mówi.

Dlatego dziś dziwią mnie protesty przeciwko wydłużaniu czasu pracy. To bez sensu. Przecież im wcześniej będziemy na emeryturze, tym mniej będziemy dostawali z ZUS-u. No, chyba że ktoś chce, tak jak ja, eutanazji.

Gdyby w przeszłości ktoś mi powiedział, że na stare lata będę musiała pracować, to na pewno nie uwierzyłabym. Pewnie dlatego strasznie mnie denerwuje, gdy słyszę, że pewnie lubię tyle pisać czy występować w telewizji. Niestety, nigdy nie lubiłam pracować. Robię to, bo muszę. I cały czas cieszę się z tego, że jeszcze ta praca jest.

Choć tak naprawdę to zawsze marzyłam o tym, żeby mało pracować, za to dużo zarabiać i szybko umrzeć. A jeśli miałabym żyć dłużej, to żebym na starość mogła grać w pokera. Stara już jestem, ale w pokera, niestety, nie gram. Na tę przyjemność po prostu trzeba mieć spore pieniądze. Mój przyjaciel Jerzy Satanowski co prawda zawsze twierdził, że poker to ciężki kawałek chleba, ale pewny. Z moich doświadczeń wynika, że pewny, ale tylko wówczas, kiedy ma się pieniądze.

Gdy pracowałam w „Szpilkach", grałam sporo. Mój ówczesny szef Witold Filler był świetnym pokerzystą i zazwyczaj wygrywał. Wychodziło mu nawet, gdy miał kiepskie karty. Ale jak się ma pieniądze, to można blefować i mało kto ma odwagę sprawdzić.

Sama kilka razy wygrałam. Głównie przez głupotę. Własną. Mając jakieś nędzne karty, sądziłam, że trzymam w ręku karetę. Licytowałam jak szalona. Nikt nie odważył się sprawdzać, bo wszyscy myśleli, że skoro tak ostro idę, to mam naprawdę dobrą kartę. I dzięki temu parę razy wygrałam. Ale kiedy później nauczyłam się rozpoznawać, co trzymam w rękach, i wiedziałam, ile mam pieniędzy w portfelu, to zaczęłam przegrywać. Zdarzyło mi się nie tylko przegrać wszystko, co miałam, ale i wypłatę, którą dopiero miałam dostać. I wtedy zrezygnowałam z hazardu raz na zawsze. Po prostu nie stać mnie na pokera. Teraz nie gram już w nic. Cóż, nie wierzę, że szczęście mi da pieniądze, chociaż cały czas uważam, że pieniądze mogłyby mi dać szczęście. Wkurza mnie, gdy ktoś mówi, że pieniądze szczęścia nie dają.

Gdybym je miała, to stworzyłabym porządne schronisko dla wszystkich bezdomnych zwierząt, kupiłabym olbrzymi samochód Karolakowi, żeby mógł jeździć na koncerty ze swoimi ukochanymi organami Hammonda ważącymi sto osiemdziesiąt kilogramów. Kiedyś jeszcze chciałam mu zafundować usunięcie podgardla, które go okropnie wkurza. Niestety, jak już mówiłam, nie można zrobić tego zabiegu, ze względu na małą krzepliwość krwi.

Schroniska nie wybuduję, bo mnie nie stać. Nie zrobię też takiej głupoty jak Violetta Villas, która w swoim domu w Lewinie Kłodzkim trzymała kilkadziesiąt psów, choć nie było jej na to stać i te psy żyły w skandalicznie złych warunkach. Jeśli człowiek jest odpowiedzialny, to zapewnia swojemu dziecku czy swojemu zwierzątku znośne życie. Nie można ot tak, po prostu, wziąć dwudziestu psów, by potem te psy zagryzały się z głodu. Dlatego miałam zawsze tylko jednego psa i jemu poświęcałam swój czas wolny.

Na 37 dni tygodnia

Podobno każdy człowiek może napisać jedną książkę swego życia. Niestety. Żyję już 35 lat i dotychczas nie skorzystałam z tej możliwości. Dlaczego? Nie wiadomo dokładnie. Po prostu jakoś się nie składało. I oto miesiąc temu, wstając wieczorem od śniadania (ponieważ dbam o linię, od dłuższego czasu nie jadam kolacji. A ponieważ wieczorem muszę coś zjeść, jadam przed snem śniadania, które, jak wiadomo, są niezbędne i należy je uwzględnić przy wszelkich dietach), no więc miesiąc temu, wstając wieczorem od śniadania, nagle zrozumiałam, że powinnam napisać książkę. Nazajutrz kupiłam długopis i papier. Siadałam akurat do pisania, kiedy niespodziewanie odwiedził mnie znajomy.

– Cześć! Zobaczyłem, że się pali, to wpadłem!

– Ciekawe dosyć – zauważyłam – bo o dwunastej w południe nie pali się u mnie.

– U ciebie – nie. Ale obok. Dzwonili właśnie po straż. Co u ciebie?

– Dziękuję. Jakoś leci.

– Co ty powiesz?!!! – zadziwił się. – A poza tym... co porabiasz?

– Zaczynam pisać książkę.

– Nie lepiej, żebyś przeczytała?

– To dla mnie żadna różnica. Czytanie i pisanie przychodzi mi z jednakową trudnością! – odparowałam dowcipnie.

– W takim razie – wyraźnie nie kupił żartu – z dwojga złego wybrałbym trzecie.

– Mianowicie?

– Na twoim miejscu nauczyłbym się grać w pokera!

Muszę przyznać, że lekko mnie zaskoczył.

– Co to ma wspólnego z książką?!

– To, że jeżeli weźmiesz się za uczciwą robotę, bo poker to ciężki kawałek chleba, ale za to pewny... no więc jeśli weźmiesz się za uczciwą robotę, nie będziesz miała czasu na głupie myśli. I dlatego – zamiast kombinować czy napisać książkę, czy przeczytać, naucz się grać w pokera! Jeśli tylko masz pieniądze i szczęście oczywiście, i potrafisz blefować, nie będzie na ciebie silnego!

– I zawsze wygram? – Nieopatrznie dałam się wciągnąć w temat.

– Oczywiście, że nie! W pokerze, kochana, nie wygrywa silniejszy. Prawdziwy pokerzysta wygrywa nie siłą, lecz sposobem, niestety!

– A jaki to sposób mniej więcej?

– Bardzo prosty. Tylko tyle, że zawodny. Dam ci zresztą przykład. Tydzień temu gramy u znajomych. Przez pierwsze dwa dni karta w ogóle mi nie idzie! W ogóle! I wreszcie trzeciego dnia, pod wieczór, dostaję z ręki pokera.

– I co?

– I nic. Z kamienną twarzą wchodzę do gry. Gram va banque! Wiem, że nie ma siły, żebym nie wygrał!

– I wygrałeś?

– Nic właśnie. Mówiłem ci, że w pokerze nie wygrywa się siłą, tylko sposobem! I wprawdzie nie było na mnie silnych, ale przegrałem.

– Z pokerem w ręku?!?

– O to chodzi! A wiesz dlaczego? Bo zagapiłem się, niestety. Wystarczyła chwila nieuwagi i koniec!

– Przykre. – Zmartwiłam się nieszczerze. – Ale żeby chwila nieuwagi...

– Niestety! Po prostu nie zorientowałem się, że trzeciego dnia przestaliśmy grać w pokera, a zaczęliśmy w bridża! No i, z pokerem w ręku przegrałem, niestety!

– Ale w bridża, tak?

– Nieważne. Fakt, że przegrałem. I dlatego musisz pamiętać, że dobra karta to jeszcze nie wszystko. Jeśli nie będziesz uważać, możesz przegrać z najsilniejszą kartą! No, poza tym, musisz mieć pieniądze! I szczęście oczywiście!

– To rzeczywiście bardzo proste. – Nie mogłam nie przyznać mu racji. – Ale jeśli ten sposób jest mimo wszystko zawodny...

– To znaczy, że zawsze możesz przegrać! I wtedy jesteś wygrana!

– Jeżeli przegram?!

– Jasne! Bo kto nie ma szczęścia w kartach, ten ma szczęście w miłości! A jedyne, co się naprawdę w życiu liczy, to miłość! To jak... Będziesz się uczyła grać w pokera?

– Czy ja wiem... – Zawahałam się.

– Twoja sprawa. Ale powtarzam ci! Poker to ciężki kawałek chleba, ale najważniejsze, że pewny! Zastanów się i zadzwoń do mnie. Najlepiej telefonem, bo dzwonek przy drzwiach nie działa. Cześć!

Co powiedziawszy, wyszedł równie nieoczekiwanie, jak przyszedł. Byłam mu wdzięczna, że zupełnie niechcący ustrzegł mnie przed hazardem. Po chwili zadzwonił telefon. Trzy razy, więc podniosłam słuchawkę. (Do mojego współlokatora dzwoni się dwa, góra jeden raz).

– Marysia? Tu Wojtek.

– Cześć!

– Mam dobrą nowinę!

– Jaką?

– Dobrą! Przecież mówię! Udało mi się przyspieszyć nasz ślub! Cieszysz się?

– Każdy by się cieszył! – odpowiedziałam enigmatycznie.

– Dzisiaj o szesnastej piętnaście zostaniesz moją żoną! Cieszysz się?

– Dzisiaj? – Spojrzałam na papier i długopis.

– Wcześniej nie można. Pytałem.

– A później?

– Nie rozumiem... – Głos Wojtka jakby ochłódł lekko.

– Po prostu tak się składa, że dzisiaj nie mogę.

– Dlaczego?

– Muszę napisać książkę.

– A jutro nie możesz napisać?

– Niestety. Jutro jestem strasznie zajęta. Mogę napisać tylko dzisiaj. I dlatego musimy przełożyć ten ślub.

– Wykluczone! Albo dzisiaj – głos Wojtka brzmiał kategorycznie i niesympatycznie jakby – albo dzisiaj, albo nigdy!

– Nie wygłupiaj się! – spróbowałam złamać niemiły nastrój.

– Albo pobierzemy się dzisiaj, albo nigdy! Jeżeli głupia książka jest ważniejsza ode mnie...

– To będzie niegłupia książka! – sprostowałam chłodno.

– Nieważne. Albo książka, albo ja! Ale ostrzegam cię! Jeżeli dzisiaj nie wyjdziesz za mnie, to z nami koniec!

Ponieważ wiedziałam, że Wojtek dotrzyma słowa, nie miałam żadnych wątpliwości, na co się zdecydować. To była moja jedyna szansa. Napisać książkę.

Dlaczego to wszystko opowiadam? Żeby wytłumaczyć się przed państwem. Tę książkę musiałam napisać, niestety! Po prostu nie miałam wyboru. To znaczy, miałam, ale jaki?

Postanowiłam więc napisać powieść z kluczem.

A właściwie – pękiem kluczy. Tak, żeby każdy czytelnik miał do niej swój własny, osobisty klucz. Bo to zawsze niewygoda korzystać z jednego, wspólnego. I dlatego napiszę powieść z pękiem kluczy! A co to?! – kombinowałam. – Nie stać mnie na to?!

Nie stać chyba... zreflektowałam się. Bo jeśli książka będzie miała wielu czytelników (a dlaczego nie bardzo wielu?), to ile musiałoby być tych kluczy? Zasępiłam się. Każdy klucz to jednakowoż wydatek. Na wszelki wypadek postanowiłam zapytać zaprzyjaźnionego ślusarza, ile by taki pęk kluczy kosztował mniej więcej. I nagle – olśnienie! Dlaczego jeśli „kluczy" to zaraz „pęk"?! A nie zając na przykład? Przecież zając też kluczy!

I tak, zamiast powieści z kluczem, napisałam opowiadanie z zającem. (*Polowanie* – strona 182.)

A kiedy miałam już jedno, pomyślałam, że wystarczy dopisać jeszcze 36 i będzie równo 37! Na każdy dzień tygodnia!

Ale opowiadania, ogarnęły mnie wątpliwości, to jednak nie powieść. Wprawdzie mają tę przewagę nad powieścią, że są krótsze, ale za to powieść ma tę przewagę nad opowiadaniami, że jest dłuższa.

A zatem najlepsze wyjście to długa powieść w krótkich odcinkach!

Jak pomyślałam, tak też napisałam! Powieść pod tytułem *Przez łzy do szczęścia* w 142 odcinkach. Z tych 142 wybrałam 10 odcinków napisanych i tym sposobem powstało 37 opowiadań na wszystkie dni tygodnia!

Życzę państwu przyjemnej lektury.

Maria Czubaszek

Sposób na witalność

Nigdy, jak żyję już niemal sto lat, nie piłam herbaty. Pewnie miałabym nawet problem z jej zaparzeniem. Siłę do życia dają mi zazwyczaj: red bull pity w tak dużych ilościach, że sama się dziwię, dlaczego jeszcze nie wyrosły mi skrzydła, a także kawa, papierosy oraz, niestety, rachunki do zapłacenia.

Gdybym była bogata, to oczywiście nie pracowałabym. Mój mąż gra na drogim instrumencie, ale w zespole, który nie jest Bajmem ani Feelem, dlatego potrzebuje trochę pieniędzy na tę swoją przyjemność. Poza tym oboje palimy dużo papierosów, co również sporo kosztuje. Jak kilka lat temu obliczyła jedna z gazet, rocznie puszczam z papierosowym dymem sto trzydzieści tysięcy złotych. A od tego czasu ceny papierosów tylko wzrosły. Niestety. Żeby starczyło tylko na ten nałóg, naprawdę bardzo trzeba się napracować. A poza tym mam jeszcze do zapłacenia czynsz i rachunki. Jedzenia też nadal nie udało mi się rzucić.

Występy w mediach

Nie wiem, dlaczego media tak chętnie mnie zapraszają. Zwłaszcza że zaczęto to robić dopiero teraz, gdy jestem już stara, a przecież w telewizji panuje kult młodości. Tylko Krzysztof Ibisz tak ma, że jest co roku młodszy. Ja, niestety, mam wprost przeciwnie. Przez chwilę myślałam, że tak chętnie sadzają mnie przed kamerą dlatego, że mówię głupoty. Ale potem pomyślałam sobie, że to nie jest żaden powód, bo jest tylu innych ludzi, z politykami na czele, którzy przed kamerą wygadują jeszcze większe brednie niż ja.

W końcu stworzyłam swoją teorię last minute. Największym powodzeniem w ofertach biur turystycznych cieszą się właśnie tak zwane wyjazdy na ostatnią chwilę. I najprawdopodobniej jestem dla większości redakcji telewizyjnych taką właśnie atrakcją. Dlaczego? Wyjaśni to anegdota, którą mi kiedyś opowiedział Boguś Łazuka. Rzecz miała miejsce gdzieś w kuluarach teatru Syrena. Czekając na próbę, a może już nawet przedstawienie, Adolf Dymsza strugał sobie swoim zwyczajem jakieś drewienko. Obok przechodził młody aktor. Stanął, popatrzył i w końcu nie wytrzymał:

– Przepraszam, mistrzu, ale co mistrz robi?

– Gdybym zmarł nagle w nocy, na pewno znajdzie się jakiś idiota, który powie, że jeszcze wczoraj stał za kulisami i strugał patyczek.

Co prawda nigdy nie strugałam żadnego patyczka przed kamerą, ale jak wiadomo, palenie zabija, więc i mnie któregoś dnia może szlag trafić. Wtedy w telewizji, w której byłabym tuż przed tym wydarzeniem, będą mogli powiedzieć z dumą: Jeszcze wczoraj u nas była... całkiem żywa. To zawsze będzie prestiż dla takiej stacji, a dla jej widzów – atrakcja.

Natomiast dla mnie występy w mediach to praca. Kiedy tracę płynność finansową, to siadam również do współpracy z grupą, która pisze scenariusze do seriali. Dla pieniędzy pisałam już odcinki *Na Wspólnej* czy *BrzydUli*. Ale jakoś za tym nie przepadam. Niestety, radio już praktycznie nie ma pieniędzy na to, żeby aktorzy nagrywali moje skecze. Zatem zostaje mi tylko peregrynacja po stacjach telewizyjnych. Od kiedy odeszła Stefania Grodzieńska, która była najstarszą i najmądrzejszą satyryczką, zaczęto zapraszać mnie. Chyba dlatego, że jestem od niej niewiele młodsza. Może w telewizji uważają, że jak ktoś ma swoje lata, to ma także coś do powiedzenia?

Jak dotąd odmówiłam występu tylko raz. To było w „Pytaniu na śniadanie", w telewizyjnej Dwójce. Dyskusja miała dotyczyć kalendarzy z roznegliżowanymi paniami i trumnami. Taka specyficzna reklama zakładu produkującego tego rodzaju wyroby. Kiedy zadzwonili z telewizji z pytaniem, czy przyjdę do studia, to najpierw się zgodziłam, ale potem mnie coś tknęło, więc oddzwoniłam i zapytałam, kto poza mną będzie w programie. Gdy usłyszałam, że między innymi katolicki publicysta Tomasz Terlikowski, to podziękowałam. Nie chodzi mi o wiarę pana redaktora. Po prostu uważam, że nie potrafiłabym z nim rozmawiać, choć generalnie jestem bezkonfliktowa i z każdym potrafię bardzo przyjemnie pogadać. Z jednym wyjątkiem. Pan Terlikowski mocno przesadził, nazywając mnie morderczynią. Zwłaszcza że robił to nie tylko przy okazji rozmowy o aborcji, ale także w innych wypowiedziach powtarzał, że „Czubaszek zamordowała dwoje swoich dzieci". Uważam, że jest to strasznie nie w porządku. Nie czuję się w jakiś sposób przez niego upokorzona czy opluta, ale jest to człowiek, z którym nie tylko nie chciałabym rozmawiać, ale nawet siedzieć w jednym pomieszczeniu. Nie znoszę ludzi, którzy swoje poglądy traktują jako jedyną prawdę i po prostu nie wyobrażają sobie żadnej dyskusji w tych kwestiach.

Występy w telewizji mają dla mnie jeszcze jedną zaletę. Nigdy nie nauczyłam się malować, a w efekcie występów w porannych programach miałam za darmo bardzo porządny makijaż. Kiedy siadałam w charakteryzatorni, do pracujących tam pań miałam tylko jedną prośbę. Mówiłam: Umalujcie mnie tak, żeby się trzymało do wieczora.

Teraz to się, niestety, skończyło. Po nastaniu nowego prezesa TVP, zadzwoniła do mnie Alicja Resich-Modlińska, szefowa „Pytania na śniadanie", i przepraszając, oznajmiła, że wstrzymują ze mną współpracę. Nikt nie powiedział mi tego wprost, ale można się domyślać, że to efekt tej słynnej „dobrej zmiany". Pewnie komuś nie spodobało się to, co mówię o obecnej władzy. Jest mi trochę przykro i wcale nie chodzi o pieniądze, bo dostawałam raptem sto osiemdziesiąt złotych za program. Po prostu było miło w tym zespole.

Zostało mi już tylko „Szkło kontaktowe". Ale z niego nie mam pożytku w postaci makijażu. Program jest wieczorem na żywo, więc jak wrócę do domu, muszę zmyć z twarzy make-up. I rano znowu wyglądam jak zwykle.

LUDZIE, Z KTÓRYMI PRACOWAŁAM

Marcin Wolski

Niespecjalnie dziwią mnie polityczne wybory Marcina Wolskiego. To, że aktualnie popiera PiS, bardzo pasuje do jego charakteru. Choć przyznam, że sam Marcin stanowi dla mnie ogromną zagadkę; to człowiek pełen sprzeczności.

Na pewno jest bardzo inteligentnym facetem i ma naprawdę ogromną wiedzę. Dziś wszystko można znaleźć w internecie, ale kiedyś, jak się czegoś nie wiedziało, to albo szukało się w encyklopediach, albo dzwoniło do Wolskiego. On wiedział wszystko albo i więcej. Dlatego dziś zastanawiam się, jak on, człowiek, który stworzył znakomite słuchowiska radiowe, przezabawne „Polskie Zoo", teraz napisał scenariusz filmu Smoleńsk, w którego finale Lech i Maria Kaczyńscy wychodzą z mgły i idą w kierunku polskich oficerów rozstrzelanych przez NKWD w 1940 (trzy osoby tworzyły ten scenariusz, ale zakończenie ponoć jest jego autorstwa). Po co? W przypadku Marcina to niejedyna rzecz, której nie rozumiem.

Kiedy pracowaliśmy w Trójce, Redakcja Audycji Rozrywkowych Programu Trzeciego Polskiego Radia była jedyną redakcją przy Myśliwieckiej, w której wszyscy byli bezpartyjni. A mowa o takich czasach, kiedy pracujący w radiu powinni byli mieć czerwoną legitymację. Stąd taka duma z naszej postawy. Do czasu, aż wydał się sekret Marcina. Pamiętam tamten dzień bardzo dobrze: biegłam gdzieś korytarzem, kiedy nagle zatrzymał mnie sekretarz zakładowej organizacji partyjnej.

– Powiedz Marcinowi że jest zebranie – poprosił.

– Jakie zebranie? Co ma Marcin do tego? – Nie bardzo rozumiałam, o co chodzi.

– A to ty nie wiesz, że on należy do partii?

– No co ty opowiadasz?

Trochę zszokowana poszłam do naszego pokoju. Marcina jeszcze nie było, siedzieli tylko Kreczmar i Janczarski.

– Słuchajcie, podobno Marcin Wolski zapisał się do partii! – podzieliłam się informacją, którą usłyszałam przed chwilą.

– Nie, to nie możliwe – odpowiedzieli chórem.

Po chwili zjawił się Wolski. Marcin nie chodzi, tylko biega, bo jest młodszy o parę lat. Do tej pory jest młodszy ode mnie. I tak radośnie wbiegł do pokoju. Wtedy Kreczmar zaczął ostro:
– Marcin!

On od razu stanął, ruki po szwam, bo słuchał starszych kolegów.

– Czy to prawda, że ty się zapisałeś do partii? – spytał Kreczmar.

Marcin spojrzał na niego bardzo uważnie. Chwilę pomilczał. W końcu stwierdził równie poważnie:

– Tak, poświęciłem się dla was. Bo mówili, że cała redakcja jest bezpartyjna i mielibyśmy problemy z cenzurą naszego *Ilustrowanego Magazynu Autorów*.

Fakt, że wtedy rzeczywiście cenzura zaczynała się czepiać.

Z tamtych czasów pamiętam jakąś imprezę imieninową Marcina. Zaprosił nas do swojego domu na jedenastego listopada. Przyszliśmy całą radiową grupą. Jacek Janczarski tuż po wejściu dyskretnie zaczął się rozglądać, gdzie stoi wódeczka, bo miał ochotę się napić. Ale nie, najpierw trzeba było stanąć na baczność, bo młodsza siostra Marcina grała na pianinie jakieś pieśni patriotyczne, a jubilat deklamował swój najnowszy wiersz. Chyba o ojczyźnie.

To, co zobaczyliśmy wtedy, było bardzo inne od tego, jacy sami byliśmy; całej naszej grupie oczy zrobiły się wielkie ze zdziwienia.

A jak zaczęła się Solidarność w 1980 roku, to Marcin pierwszy biegał ze znaczkiem wpiętym w klapę.

Potem nasze drogi rozeszły się na wiele lat. Gdy spotkaliśmy się na wieczorze poświęconym Jackowi Janczarskiemu, to widziałam, że Marcin nie był pewien, jak się wobec niego zachowam. Dla mnie jednak było naturalne, żeby podejść i pogadać. Wiadomo, że nie będziemy rozmawiać o polityce, bo znamy swoje poglądy, ale to nie powód, żeby udawać, że kogoś się nie zna. Dziś spory zwolenników PiS i PO przypominają zachowanie kibiców pierwszoligowych drużyn piłkarskich. Po prostu wojna. Jak ma się inne szaliki, to podchodzi się do siebie tylko po to, żeby zadać cios. Jestem tego zdecydowanym przeciwnikiem. Przecież byłoby koszmarnie nudno, gdyby wszyscy mieli takie same poglądy. Później zresztą zdarzyło nam się dyskutować o polityce. To była jakaś impreza, podczas której razem zasiadaliśmy w jury. Mieszkaliśmy w tym samym hotelu, oboje budzimy się wcześnie, więc spotkaliśmy się o świcie w kawiarni. Notabene on, tak samo jak ja, nie je śniadań, tylko pije kawę. Zaczęliśmy rozmawiać. Wtedy próbował mnie przekonywać, że gdybym poznała Lecha Kaczyńskiego (o Jarosławie w ogóle nie mówił), to bardzo bym go polubiła, bo to człowiek z ogromnym poczuciem humoru, inteligentny itp. Powiedziałam mu: – Wiesz co, wierzę ci, ale nie mam okazji poznać Lecha Kaczyńskiego ani specjalnie ochoty. Potem zresztą poznałam prezydenta.

Pamiętam jeszcze jedną rozmowę z Wolskim, która pokazała jego sposób myślenia. Syn Marcina jest muzykiem, mieszka i pracuje w Stanach Zjednoczonych. I tam sobie świetnie radzi w branży muzycznej. W Polsce nie miałby szans, żeby zarobić uczciwe pieniądze, bo gra muzykę ambitną, a nie jakieś disco polo. Ale kiedy rozmawialiśmy, Marcin narzekał na swoje dziecko. I nie na to, że jego syn jest daleko i się nie widują, tylko na to, że on nie jest patriotą. Bo gdyby nim był, to przecież wróciłby do kraju, żeby pracować na rzecz ojczyzny. Nie wierzyłam własnym uszom. Gdyby to mówił jakiś niewykształcony człowiek, to może zrozumiałabym. Ale Marcin jest naprawdę inteligentny. Albo gdyby Mateusz pracował w USA, ale na zmywaku w restauracji. A on jest naprawdę zdolnym muzykiem! Mimo to Wolski nie jest zadowolony z syna, bo ten woli być w USA, a nie w Polsce. No absurd.

Jan Pietrzak

Cenię ludzi inteligentnych, nawet jeśli się z nimi nie zgadzam. O ile na przykład Marcin Wolski jest zaskakujący, o tyle Janek Pietrzak to zupełnie co innego. On się szalenie zaangażował, niestety, wyjątkowo głupio zresztą. Pamiętam jego obrzydliwą piosenkę z 1968 roku*, czyli z momentu nagonki władz na studentów:

Nowym Światem, Krakowskim Przedmieściem
Chodzi taki, intelekt ma w oku
Zastanawia go kryzys powieści
To Sibelius mu bliższy niż Chopin
Kształci styl w umysłowych igraszkach
Póki co... A dostanie tylko paszport...
I do Anglii prać pieluchy, do Szwecji myć talerze
Do Francji sprzątać brudy, do Danii skubać pierze
Do Anglii, do Szwecji, do Francji, do Danii... aaaaa!
Renesansem secesji się cieszy
Levi-Straussa traktuje półżartem
Szansę widzi przed kinem współczesnym
Gdzieś na styku Skolima z Godardem
Między stresem a chandrą to wszystko
Przecież tu... straszne nudy nad tą Wisłą

* Utwór śpiewany przez Jana Pietrzaka za: http://warszawa.wyborcza.pl/warszawa/1,34862,19315054,jan-pietrzak-postawa-niezmienna-od-czterech-dekad-felieton.html?disableRedirects=true (30.03.2016).

I do Wiednia płukać kufle, do Hagi pety zbierać
W Londynie zbijać trumny, w Paryżu drzwi otwierać
Do Wiednia, do Hagi, Londynu, Paryża... aaaaa!
Tam się zgina w układnym ukłonie
Kiedy gość go poklepie po plecach
Tam haruje jak wół do wieczora
Bo mu patron pół centa obiecał
A już w drodze powrotnej do kraju
Myśli, jak tu ulepszyć by socjalizm
A pod Parczew papę łatać, w Małkini pleść powrozy
Do Pyr łopatą machać, w Leżajsku doić kozy
Pod Parczew, Małkinię, do Pyr, do Leżajska, taaak!
I pomyślmy, panowie Polacy,
Czy osobnik, o którym tu mowa
Wie, co sprawa i walka co znaczy?
O Judymie co sądzi nasz rodak?
Czy w ogóle ma jakieś idee?
Jeśli nie, no to co się u nas dzieje?

Dlatego bawi mnie to, jak dziś Pietrzak robi z siebie ofiarę systemu, w którym go tępiono. Przecież on zawsze bez najmniejszego problemu wyjeżdżał za granicę. A na wszystkich premierach Egidy w pierwszych rzędach zasiadali notable. Oczywiście nie twierdzę, że on z nimi kolaborował, choć przypominam sobie wyjątkowo obrzydliwe piosenki śpiewane przez niego. Ale w tamtych czasach krzywda mu się nie działa.

O ile jednak na przykład Marcin Wolski jest na tyle inteligentny, żeby delikatnie przemilczać to, co robił za komuny, o tyle Pietrzak ma chyba wszystkich dookoła za debili, skoro sądzi, że mu uwierzą w te kombatanckie opowieści. I taka sama różnica jest między nimi, jeśli chodzi o humor. Skecze Wolskiego są inteligentne, a Pietrzaka – koszmarnie toporne. Najlepsze czasy Egidy to okres, kiedy dla Pietrzaka pracował Jonasz Kofta. Niestety, panowie wcześniej czy później musieli się pożreć. I wcale się nie dziwię, że Jonasz tego nie wytrzymał, bo on był prawdziwym artystą, utalentowanym człowiekiem, a Pietrzak był według mnie zawsze osobą płynącą z prądem, bo tak wygodniej i łatwiej. I po odejściu Kofty Egida straciła. Jonasz dodawał poezji do tych prostych, rzeczowych tekstów Pietrzaka, razem to naprawdę fajnie grało.

W nowej Polsce Pietrzak już całkiem odleciał. Kiedy pierwszy raz usłyszałam, że kandyduje na prezydenta, to byłam pewna, że to jakiś dowcip. Wtedy już nie wszystkie żarty Egidy były dobre, ale ten akurat mnie rozbawił, więc zadzwoniłam do Kryśki Sienkiewicz, która wtedy współpracowała z Pietrzakiem, i powiedziałam, że Janek świetny dowcip wymyślił. Ale gdy dość ponurym głosem oznajmiła, że to nie żart, tylko prawda, to mnie autentycznie zatkało. Wiem, że wtedy sporo jeździli z koncertami po Polsce, ale Pietrzak głównie rozdawał ulotki. Podobno nawet różnym znajomym proponował stanowiska. Mówił też, że jak wygra, to może nie będzie lepiej, ale z pewnością śmieszniej. Nie wygrał, a śmieszniej jest i tak. Czasem tylko nie wiadomo, czy śmiać się, czy też płakać. Ludziom jednak odbija.

(tekst do Egidy na trzech panów, nie licząc telefonu i aktora, który dzwoni do p. Pietrzaka. W związku z tym na estradzie konieczny jest telefon. Może nie działać. Poza tym drugi telefon poza sceną, ale widoczny dla publiczności. Również może nie działać naprawdę.

Po jakimś numerze na scenie zostają J. Pietrzak i J. Kofta)

P.: – A teraz opowiem państwu dowcip. Długi, ale za to nieśmieszny w ogóle! No więc łysy spotyka ślusarza...

K.: – A, to ja znam!

P.: – Ja też. No więc łysy...

(w tym czasie aktor siedzący przy stoliku blisko sceny wykręca numer telefonu. Odzywa się telefon na scenie. Jeśli przekracza to możliwości techniczne, Kofta zadzwoni w tym momencie normalnym dzwonkiem ręcznym. J. Pietrzak podnosi słuchawkę)

(do publiczności:) – Przepraszam... *(do telefonu:)* – Słucham...

A.: – Czy to numer dwadzieścia dziewięć, dwadzieścia dziewięć, zero trzy?

P.: – Tak.

A.: – Czy mówię z panem Pietrzakiem?

P.: – Tak.

A.: – Z panem Janem Pietrzakiem?

P.: – Tak!

A.: – A, to pomyłka. Przepraszam *(odkłada słuchawkę)*.

K.: – Kto to był?

P.: – Nie wiem! Jakiś wariat! Albo kawalarz!

K.: – A może Stanisławski?

P.: – Janka bym nie poznał?!

K.: – Telefon zmienia głos...

P.: – Ale po brodzie bym go poznał!
K.: – Przez telefon mało dosyć widać brodę...
P.: – W ogóle nie widziałem brody.
K.: – Czyli to nie był Janek. Bo on ma brodę.
P.: – O to chodzi! To kto to mógł być?... Może cenzor?
K.: – A miał do ciebie dzwonić?
P.: – Nie.
K.: – To by się zgadzało. Bo powiedział, że to pomyłka.
(w tym momencie wchodzi na scenę Stanisławski)
S.: – Słyszałem świetny dowcip! Tylko nieśmieszny! Łysy spotyka ślusarza...
K.: – To rzeczywiście nieśmieszne.
S.: – Przecież mówiłem! No więc łysy...
P.: – Daj spokój! Dzwonił do nas cenzor...
S.: – I co?!?
K.: – Nic. Nie chciał z nim w ogóle rozmawiać.
S.: – To marnie dosyć... Ale przecież program był cenzurowany. A niczego nie zmieniliśmy!
K.: – My nie, ale może cenzor się zmienił?
P.: – No to co?
K.: – Dokładnie nie wiadomo. Ale miałem kiedyś taką historię w radiu. Mojej piosenki... jeden cenzor nie puścił...
P.: – I co?
K.: – I nic. A drugi, tę samą piosenkę...
S.: – Puścił?!
K.: – Tak! To znaczy – nie. Puścić nie puścił, ale miałem za nią sporo przykrości.
P.: – Tak czy inaczej, jeżeli nowy cenzor ma jakieś zastrzeżenia do naszego programu...
K.: – To trzeba zmienić program!

S.: – Albo cenzora. Są różne szkoły na ten temat. Jeżeli w teatrze sztuka robi klapę, to można zmienić sztukę albo publiczność.
P.: – Albo obsadę sztuki.
K.: – A wiesz, że to jest pomysł! Tylko marny dosyć... Kto na przykład mógłby wystąpić u nas zamiast... no, powiedzmy... ciebie?
P.: – Byle kto! Choćby... Dziewoński!
S.: – A zamiast Jonasza?
P.: – Michnikowski na przykład! Też dobry.
K.: – A zamiast Kraftówny?
S.: – Kwiatkowska!
K.: – No dobrze. A kogo byś wziął na miejsce Okuniewicz?
P.: – Powiedzmy... Zykun... albo Zawadzką...
(*uwaga dla J. Pietrzaka. Nazwiska być może nie te, ale chodzi o to, żeby obsadę Egidy wymienić na obsadę Dudka*)
K.: – No to mamy nową obsadę.
P.: – Ale nie mamy nowego programu.
S.: – Jeżeli będzie inna obsada i inna publiczność, to i program będzie jakby inny lekko...
P.: – A skąd wiesz, że będzie inna publiczność?
K.: – Bo Dudek ma swoją publiczność i my mieliśmy swoją. A skoro zmieniamy obsadę...
S.: – Zamieniamy!
(*w „międzyczasie" Kofta schodzi ze sceny, podchodzi do telefonu, z którego poprzednio dzwonił aktor do J. Pietrzaka, nakręca numer, dzwoni telefon na scenie, J. Pietrzak podnosi słuchawkę*)
P.: – Słucham. Pietrzak przy telefonie.
K.: – Ja wiem. Mówi Kofta.
P.: – A co ty mi chcesz powiedzieć mniej więcej?
K.: – Właściwie to nic.
P.: – To po co dzwonisz?

K.: – Żeby zachować zasadę dramaturgii. Jeżeli w pierwszym akcie występuje strzelba, to w ostatnim musi wystrzelić. No więc jeżeli na początku zadzwonił telefon, to na koniec też musi zadzwonić, niestety.

P.: – Jeżeli uważasz, że to jest koniec zmian u nas, to się grubo mylisz!

K.: – To ja zadzwonię później.

Maria Czubaszek

/monolożek dla I.Kwiatkowskiej do programu TV-"Mam pomysł"/

Tak samo,tylko odwrotnie

Mój osobisty narzeczony mieszka,coraz częściej,zresztą,bo u mnie zasiaduje się jakoś coraz rzadziej...no więc ostatnio mieszka przeważnie u siebie.To znaczy,chciałam powiedzieć,mieszka w bloku.Przy ulicy.

Blok ma osiem pięter,a poza tym,dla wygody,windę./Popularnie zwaną dźwigiem osobowym./Winda jest w tym domu zawsze,ale nie zawsze,wbrew temu,co mówią lokatorzy,jest nieczynna.Poważnie!Ja osobiście byłam tam 7,góra 6 razy i winda 3 razy była czynna,niestety.

Niestety,bo właśnie przez to,że czasem bywa czynna,wystarczy,żeby stała dwa dni,a już wszyscy narzekają!

A w moim domu w ogóle nie ma dźwigu osobowego,a mimo to nie narzekam!

A nie tylko,że nie ma windy,to nawet nie ma 8 pięter!Jest tylko parter.

I dobrze!

No,ale ludziom trudno dogodzić!Nie dosyć im 8 pięter,to jeszcze chcą mieć windę!Nie dosyć,że mają windę,to jeszcze chcą,żeby była czynna!

Nie dosyć,że b y w a czasem czynna,to jeszczą chcą,żeby działała zawsze!

zawsze zawsze

A ja,jak już wspominałam zdaje się,mam domek bez windy,bez

nigdy

pięter,i nie narzekam!

Powiedziałam to owemu osobistemu narzeczonemu - bo u mnie co na wątrobie to na języku,no więc powiedziałam mu to,a on - cytuję:

"Gdybym mieszkał w domku parterowym,też bym nie potrzebował windy!U nas,kiedy winda jest zepsuta,nie narzekają ci z parteru!I z pierwszych pięter!Tylko ci z wyższych!"

"Aaa,to ja nie wiedziałam!- Bo ja,jak czegoś nie wiem,zaraz się przysnaję.

W takim razie - zaczęłam kombinować - mam pomysł!!!

"Jaki mniej więcej?"spytał podejrzliwie.

Dziecinnie prosty!Starczy?!

Nie wystarczyło mu.No więc zaczęłam tłumaczyć po literkach,jak dziecku.Cytuję.Siebie.Skoro na nieczynne windy narzekają przedewszystkim lokatorzy wyższych pięter...a tym z niższych i z parteru,jest to raczej obojętne...nic prostszego,jak tych niezadowolonych przenieść na niższe piętra,a tych z niższych,którym zepsuta winda nie przeszkadza,przenieść na piętra wyższe!Zły pomysł?!?

Zły-potwierdził.

A to dlaczego?!-powiedziałam lekko urażona,bo nie lubię kiedy ktoś szuka dziury w całym.

"Zastanów się!/Byłam ciekawa co wymyśli/Przecież lokatorzy z parteru i niższych pięter,którym teraz winda jest niepotrzebna,jeśli zamienią się mieszkaniami z tymi z wyższych pięter,znajdą się w ich sytuacji!I oni skolei będą narzekać,że winda jest zepsuta!"

Acha./Rzeczowe argumenty zawsze do mnie trafiają./

W takim razie - nie zrażam się trudnościami i staram się ulepszać swoje pomysły - w takim razie,skoro zepsuta winda nigdy nie denerwuje lokatorów z parteru i niższych pięter,a tylko tych z wyższych nic prostszego,jak budować domy odwrotnie!

"Jak to?!"Wyraźnie nie chwytał mego pomysłu.

A tak to! -strzeliłam z grubej rury.-Wystarczy poprostu stawiać domy nie od parteru,tylko od najwyższego piętra.Tym sposobem i wilk będzie syty i owca cała!Najwyższe piętra będą na dole...więc zepsuta winda nie będzie przeszkadzać...a tym z ostatnich,n a j n i ż s z y c h pięter i z parteru,tym bardziej będzie to obojętne!W końcu mówiłam już, że sama mieszkam na parterze i w ogóle nie odczuwam braku windy!

Czyli - reasumując:mój pomysł polega na tym,żeby domy stawiać tak samo, jak dotad,tylko odwrotnie.Od najwyższego piętra do parteru.Wtedy windy w ogóle nie będą potrzebne.Obniży to koszty budownictwa a ludziom zaoszczędzi sporo sił i nerwów!I wszyscy będą zadowoleni, a o to przecież chodzi!Nieprawdaż?!

Skończyłam.A ponieważ mój osobisty narzeczony nie zna się na budownictwie,ai nie wypowiedział się na temat mego pomysłu, proszę o przychylną ocenę eksperta.

Irena Kwiatkowska

Genialna aktorka, z którą miałam szczęście pracować przez wiele lat. Mam pełną świadomość, że słuchowiska, które stworzyłam dla radiowej Trójki, stały się popularne właśnie za sprawą jej cudownej interpretacji postaci Ciotki z wysp Hula-Gula. To jej głos i pomysł na postać sprawiły, że zaistniałam w świadomości słuchaczy jako autorka.

Dziś takich aktorek już nie ma. Porównywalny z nią talent ma chyba tylko Joanna Kołaczkowska z Kabaretu Hrabi. Ona jest świetna. Ma w sobie tyle energii, autentyczności i talentu. A do tego nie gra non stop w serialach. Nie mam nic przeciwko serialom, ale we wszystkich grają ci sami aktorzy. Tego nie da się oglądać. Ci lepsi aktorzy, niestety, non stop występują nie tylko w serialach, ale do tego jeszcze w reklamach. Na pana Adamczyka nie mogę już patrzeć. Kojarzę go tylko z bankiem, który reklamuje. Marka Kondrata uwielbiam między innymi dlatego, że skoro zaczął reklamować bank, to przestał występować w filmach.

A wracając do Ireny Kwiatkowskiej, to mam nadzieję, że jeśli gdzieś istnieje niebo, to są tam również wyspy Hula-Gula. A na jednej z nich Jurek Dobrowolski i moja ukochana „Ciotka" czekają na mnie, żeby sobie znowu pożartować, jak za dawnych lat w naszych słuchowiskach. Żeby, zerkając na to, co dzieje się tam na dole, spytać jak wtedy: Co to się porobiło?

Jerzy Satanowski

Jeden z najwybitniejszych polskich kompozytorów, a przy okazji człowiek, który nauczył mnie najlepszej gry na świecie – pokera. On pewnie gra dalej, mnie już nie stać. Ale to zupełnie inna historia, niestety.

Dziś Jerzy Satanowski to jest prawdziwe panisko. Człowiek legenda – współpracował z Edwardem Stachurą, komponował i komponuje muzykę między innymi do tekstów Osieckiej oraz Kofty dla takich tuzów sceny, jak: Hanna Banaszak, Krystyna Janda, Piotr Fronczewski czy Piotr Machalica. A gdy go poznałam... to był taki bidulek. Jego ojciec pracował w Niemczech Zachodnich, a on mieszkał w Poznaniu z macochą, która go, zdaje się, specjalnie nie rozpieszczała. Zapraszaliśmy Jerzego do Trójki, żeby pobrzdąkał na gitarze w naszym *Ilustrowanym Tygodniku Rozrywkowym*. Jak przyjeżdżał do Warszawy, to nie miał pieniędzy nawet na hotel. Nieraz dawałam mu klucze, żeby przenocował w moim mieszkaniu. Wtedy mieszkania ani snu nie potrzebowałam, bo byłam między jednym małżeństwem a drugim i nocami głównie szlajałam się po SPATiF-ach czy Ściekach.

Agnieszka Osiecka

Poznałam ją w Studenckim Teatrze Satyryków. Ona tam robiła karierę autorki genialnych piosenek, a ja chodziłam regularnie na kolejne programy jako widz. Dla mnie była postacią wielką. W tamtych czasach miałam trzech mistrzów tworzących genialne piosenki: Osiecką, Przyborę i Młynarskiego.

Podziwiałam talent Agnieszki, bo sama nigdy nie lubiłam pisać piosenek. Trochę ich spłodziłam, ale nigdy nie sprawiało mi to przyjemności. A do tego efekt moich wysiłków nigdy mnie nie satysfakcjonował. Pisałam, bo byłam po prostu zmuszana do tego przez męża muzyka, który korzystał z tego, że ma mnie pod bokiem, kiedy potrzebował tekstów do muzyki komponowanej dla różnych piosenkarzy. Ja koszmarnie się męczyłam nad każdym wersem, a Osieckiej pisanie szło jak z płatka. Siadała i spod pióra wychodził jej genialny głęboki tekst. Po prostu mistrzostwo świata. Jak choćby niesamowicie poruszająca piosenka *Kto tam u ciebie jest*. To mało znany tekst, a szkoda, bo jest świetny. Opowiada historię kobiety, która po odejściu mężczyzny „nic już nie wie, o nic nie pyta, tylko ten stuk, ten stukot w głowie, kto tam jest, kto tam u niego jest?".

I ciekawostka. Co robi ta kobieta, gdy z jej domu i życia ukochany facet wyprowadził się do innej? Zaczyna od spakowania jego książek. Piękna i notabene dziś już mało prawdopodobna scena, bo dziś mało kto czyta. Niestety.

Podziwiam Osiecką za umiejętność pisania i przekazywania emocji. Dziś już takich autorów jak ona nie ma. Ostatni Mohikanie piosenki z sensem i tekstem to Andrzej Poniedzielski, który ma teksty na poziomie, i oczywiście Artur Andrus. Tego ostatniego chwalę nie dlatego, że z nim pracuję, ale dlatego, że jest zdolnym człowiekiem.

Jonasz Kofta

Kiedy przyszłam do Programu III, w redakcji pracowali: Adam Kreczmar, Jacek Janczarski, Stefan Friedmann, Janek Stanisławski oraz Jonasz Kofta. Ze wszystkimi natychmiast się zaprzyjaźniłam, ale jedna osoba strasznie mnie peszyła – to był Jonasz Kofta. Uważałam go za wielkiego poetę, a ja wtedy nawet pół wiersza nie napisałam. Imponowało mi to, że jak trzeba było, to siadał i po chwili na czystej kartce papieru pojawiał się naprawdę dobry tekst. To był szalenie inteligentny facet, zazdrościłam mu umiejętności zabawy słowem, łatwości tworzenia.

Był erudytą. Lubił mówić tak, żeby nie wszyscy go rozumieli. Uprawiał swego rodzaju snobizm językowy. Pamiętam, że jego ukochanym słowem był „ekosystem". Do dziś nie wiem, o co chodziło. Do tego Jonasz rzeczywiście wyglądał jak artysta. A to nosił jakąś czerwoną kokardkę przyczepioną do ubrania, a to fikuśny kapelusz.

Podchodziłam do niego z wielką nieśmiałością, ale ku memu zaskoczeniu Jonasz okazał się bardzo fajnym, zwykłym (no, może trochę przesadzam z tą zwykłością) facetem. Był szalenie towarzyski. W pewnym momencie spora grupa z naszej redakcji mieszkała w fińskich domkach na Jazdowie. Moim sąsiadem z jednej strony był Janek Pietrzak, a z drugiej – właśnie Jonasz.

Tam żyło się niemal jak na wsi; w lecie siedziało się „na przyzbie". Stale wpadało się do siebie w gości albo rozmawiało, stojąc koło domków. Pamiętam, jak Jonasz radził w kwestiach sercowych Karolakowi, który był wtedy moim narzeczonym, osobistym zresztą. Wojtek chyba się bał, że nie do końca traktuję go i nasz związek poważnie. Trochę pewnie próbował się podpytywać Jonasza, co o nim mówię w pracy. I Jonasz stwierdził, że wszystko będzie dobrze w związku, ale tylko wtedy, jeśli mężczyzna będzie zarabiał więcej niż kobieta. Wojtek usłyszał jeszcze całą masę tego typu złotych rad. Niestety, nie wziął ich sobie do serca, bo nie dorobiliśmy się na jego zagranicznych wyjazdach.

Jonasza ceniłam także za poczucie humoru. Jak urodził mu się synek, to bezustannie mnie namawiał, żebym koniecznie wpadła zobaczyć małego. W końcu poszłam, chociaż długo się ociągałam, bo dzieci nie lubię. Jonasz siedział na łóżku i trzymał małego na rękach. Patrzę na dzieciaka, a on ma narysowane, chyba węglem, wąsy.

– Co ty zrobiłeś? – pytam.

– A, bo zaraz wpadnie Stefan Friedmann i chciałem mu pokazać, że urodziło mi się dziecko od razu z wąsami – odpowiedział.

Jonasz tworzył wtedy ze Stefanem *Dialogi na cztery nogi*; przyjaźnili się nie tylko zawodowo i bez przerwy wymyślali różnego rodzaju żarty.

Z Jonasza był cudowny kompan nie tylko dzięki poczuciu humoru, ale także dlatego, że pomagał innym i robił to bezinteresownie. Akurat wtedy zaczęłam pisać pierwsze piosenki. Był jakiś konkurs ogłoszony przez radiową Trójkę na tekst i Jacek Janczarski mnie zachęcał, żebym wzięła udział. Siadłam i zaczęłam pisać. Nie szło mi jak cholera. Chciałam się poddać, bo stwierdziłam, że nie dam rady. Nie pisałam z własnej woli, tylko za namową szefa, więc zdesperowana. W końcu wpadłam na pomysł, żeby poprosić Jonasza o pomoc. Uznałam, że jeśli poeta nie da sobie rady z moim tekstem, to po prostu wywalę to, co napisałam, do kosza i zapomnę o tworzeniu piosenek. Jonasz siadł, wziął maszynopis do ręki, popatrzył, tu coś dopisał, tam coś skreślił i wyszedł naprawdę zgrabny tekst. Zaproponowałam, że podzielimy się honorarium po połowie.

– No co ty? Głupia jesteś? To twój tekst. – Popatrzył na mnie jak na wariatkę i zamknął temat.

Naprawdę go uwielbiałam, był wspaniałym człowiekiem, ale nie wyobrażam sobie życia z nim jako partnerem czy wręcz mężem. Był trochę outsiderem. Czasem gdzieś znikał nawet na kilka dni. Miał jakichś dziwnych znajomych żyjących z obstawiania koni na wyścigach. Jak tuż po ślubie pojechał ze swoją Jagą na Mazury, to powiedział, że idzie na chwilę do sklepu w miasteczku. I wrócił po tygodniu.

To był niezwykły człowiek. Nawet śmierć miał niebanalną. Umarł właściwie przez przypadek. Siedział ze znajomymi w restauracji i jadł golonkę. Trochę pili. Towarzystwo dobrze się bawiło. I nagle on upadł na podłogę. Wszyscy myśleli, że dostał ataku serca, a on po prostu się dławił. Gdyby go nie reanimowano, tylko chwycono za nogi i potrząśnięto, pewnie by przeżył. Zresztą lekarz go ostrzegał, że musi uważać, co je, bo przeszedł terapię związaną z nowotworem przełyku.

Jacek Janczarski

Fantastyczny i utalentowany człowiek, znakomity kierownik Redakcji Audycji Rozrywkowych Programu Trzeciego Polskiego Radia. I podkreślam to nie dlatego, że przyjął mnie do pracy. Proszę pamiętać, że kiedy jego miejsce zajął Marcin Wolski, to wszyscy autorzy ITR z radia odeszli.

Napisał kilka świetnych seriali, w tym wciąż bawiących do łez *Zmienników*. A wspólnie z Maćkiem stworzył *Rodzinę Poszepszyńskich*. Niestety, właśnie z jej powodu się trochę pokłócili. Ale nie wiem, który z nich miał rację i wymyślił Poszepszyńskich. Na pewno odcinki pisali razem, a wkład pracy był taki sam. Choć później to Maciek uważał, że stworzył Poszepszyńskich i przekonywał, że Jacek po prostu pisał to, co on mówił. Takie autorskie niesnaski. W końcu artyści to nie jest środowisko, które popiera się tak solidarnie, jak na przykład górnicy. W tym przypadku każdy jest jednak pewną indywidualnością i chce się wybić. A gdy ktoś staje się popularny, to temu mniej popularnemu się wydaje, że to nie zasługa talentu, lecz znajomości albo czegoś innego. Tak to jest. Niestety.

Zaskoczyło mnie tylko jedno. W 2014 roku Ewa Błaszczyk, czyli żona Jacka (notabene trzecia – pierwszą poznałam, kiedy jeszcze pracowałam z Jackiem w radiu, potem była Basia Wrzesińska), zrobiła w związku literatów spotkanie – wieczór poświęcony Jackowi – z okazji rocznicy jego śmierci. Sala była pełna, a spotkanie prowadził... Marcin Wolski. To mnie zdumiało, zważywszy, że właśnie on przejął redakcję, kiedy Jacka zwolniono. I prowadził nie jako kolega, bo to byłoby mało powiedziane, ale wręcz jako przyjaciel Jacka. Cóż, gdy kogoś ludzie dobrze wspominają, to się okazuje, że miał samych przyjaciół.

Maciej Zembaty

Poznaliśmy się w Trójce, gdzie razem pracowaliśmy, i od razu szalenie się polubiliśmy, To był niesamowicie inteligentny, uroczy i dowcipny facet. Był, pomijając oczywiście fakt, że już nie żyje, ale w pewnym momencie coś złego się z nim stało. Pojechał do Indii szukać własnej drogi i wrócił, moim zdaniem, juz nie do końca normalny. A to zaczął żony zmieniać jak rękawiczki, a to coraz więcej różnych dziwnych ziółek popalał.

Dzięki niemu zresztą miałam pierwszy kontakt z „narkotykami". To było w czasie, kiedy pracowałam w Trójce i byłam parą z Jackiem Janczarskim. Maciek był wtedy żonaty z jakąś Ewą, ale coś im się już nie układało. Pewnego popołudnia, kiedy kończyliśmy prace nad nagraniem audycji, rzucił do mnie i do Jacka: – Chodźmy do mnie, Ewa gdzieś wyjechała, a ja mam nie tylko wreszcie wolny dom, ale też świetne zioło. My z Jackiem wtedy jeszcze nigdy nie paliliśmy marihuany ani niczego innego poza papierosami, więc propozycja nas bardzo zaintrygowała. Pojechaliśmy do mieszkania Maćka na Żoliborz. Zaprowadził nas dumny do kuchni i pokazał nam jakieś roślinki stojące w doniczkach na parapecie.

– To są zioła – oświadczył.

Zaczęliśmy je skubać i żuć. Posiedzieliśmy trochę, ale Jacek przypomniał sobie, że musi wrócić do radia na Myśliwiecką. Trzeba było przejechać kawałek drogi, ale zdecydowaliśmy się jednak ruszyć tam samochodem. W pewnym momencie siedzący za kierownicą Jacek powiedział lekko przerażony, że „czuje, jak go bierze po tych ziołach". Nie zatrzymał się jednak, ale jechał wolniutko z duszą na ramieniu. W końcu odetchnął z ulgą i zaparkował koło radia. Pół godziny później pojawił się tam Zembaty. Zobaczył nas i zawołał: Przepraszam, dałem wam szczypiorek zamiast ziół, bo mi Ewa wyrzuciła i zasadziła to świństwo.

Okazało się, że można mieć odlot nawet po szczypiorku, wystarczy tylko silna sugestia.

Jakiś czas potem rzeczywiście wypaliłam marihuanę. To już było w czasie, kiedy Karolak został moim osobistym narzeczonym. Maciek wpadł kiedyś do mnie do domu, akurat gdy Karolak wyjechał w jakąś trasę za granicę i przyniósł już prawdziwą trawkę. Zapaliliśmy sobie, ale nagle ktoś zadzwonił do drzwi. Jakaś pani przyniosła płytę dla Karolaka. Zobaczyłam tę kobietę i dostałam ataku śmiechu. Zupełnie bez powodu dosłownie zwijałam się ze śmiechu. Wiedziałam, że to bez sensu, ale nie mogłam przestać. A ona patrzyła na mnie coraz większymi oczami. To był chyba pierwszy i ostatni raz, kiedy marycha na mnie zadziałała. Zresztą, wolałam wódeczkę od tych ziół.

A potem straciłam kontakt z Zembatym i tylko słyszałam, że dzieje się z nim coś złego. Z każdym miesiącem pojawiały się coraz gorsze informacje. Słyszałam, że brał jakiś dziwny ślub w polu. Z pracą i pieniędzmi było u niego krucho, więc koledzy próbowali mu pomóc. Jacek Janczarski chciał mu coś w radiu załatwiać, to się pokłócili. Maciek jakieś awantury porobił, krzyczał, nie dało się z nim pracować. A szkoda, bo to był bardzo zdolny facet.

Może za dużo tych ziół jadł i palił? Miałam kilku znajomych, którzy przez alkohol źle skończyli, a przez narkotyki tylko

Maciek. Strasznie żałuję, że te zioła mu nie wyszły na zdrowie; taki talent się zmarnował.

Stefania Grodzieńska

Aktorka, tancerka (jak sama mówiła o sobie – girlaska), pisarka i bardzo utalentowana satyryczka. Jak nie lubię pań i z zasady nie przyjaźnię się z kobietami, tak o Grodzieńskiej mogę z ręką na sercu powiedzieć, że to jedna z najwspanialszych (a na pewno najwspanialsza, jaką miałam przyjemność poznać osobiście) kobiet na świecie.

Strasznie żałuję, że poznałam ją tak późno. Nasza znajomość zaczęła się od wywiadu, który z nią przeprowadzałam. Po dziesięciu minutach rozmowy byłam zachwycona. Osoba z ogromnym dystansem nie tylko do tego, co robiła, ale także do siebie. Kiedyś na przykład przyznała mi się, że mając osiemdziesiąt lat, mówiła, że ma dziewięćdziesiąt. Robiła to, żeby usłyszeć, że, jak na ten wiek, wygląda świetnie. Po prostu aż tak lubiła komplementy.

Jej życiem był teatr. Z tego powodu zapraszano ją na wszystkie premiery do teatru Syrena, z którym przez lata była związana. Utkwiła mi w pamięci jedna z opowieści Stefanii; to było mniej więcej dwa lata przed jej śmiercią. Podczas przerwy między kolejnymi aktami wyszła do foyer, żeby napić się kawy. Przy bufecie stała grupka młodych ludzi, ubranych, jak to ujęła, trochę dziwnie jak na teatr: spodnie dżinsowe, i to jeszcze z dziurami itp. A dla niej teatr to była jednak świątynia sztuki. Dlatego idąc na spektakl, zawsze wkładała suknię.

Ci młodzi ludzie sądzili, że taka staruszka jak Stefania nie usłyszy, co mówią między sobą. Nie wiedzieli, że ona korzystała z aparatu słuchowego, więc docierał do niej każdy szept. W pewnym momencie usłyszała, jak jedno z młodych mówi do drugiego, pokazując na nią: Ale się odstawiła: jak cieć w Boże Ciało.

Najwyraźniej dla nich było dziwne, że przyszła w sukni, a nie w zwykłym, codziennym stroju. Stefania z jednej strony się ucieszyła, że młodzi chodzą do teatru, a z drugiej była zaskoczona, bo ich dziwiło to, że ktoś może się ubrać elegancko właśnie dlatego, że idzie do teatru.

Był taki czas, że znany fotograf Marek Karewicz, widząc mnie, zawsze mówił: O, Stefania Grodzieńska idzie.

Żartował, że niby taka stara jestem. Nigdy się nie obrażałam; byłam szalenie dumna z tego porównania. Chciałam być jak Stefania.

Magda Umer

Karolak zna ją od zawsze pewnie dlatego, że napisał muzykę do kilku piosenek, które śpiewała. W związku z tym, że mąż dla niej komponował, bywała częstym gościem u nas w domu i nie tylko się poznałyśmy, ale też polubiłyśmy niejako przy okazji.

Pamiętam, jak kiedyś Karolak poprosił, żebym do niej zadzwoniła. Chyba chodziło o muzykę do jakiejś piosenki. Telefon odebrał mąż i powiedział, że nie ma jej w domu, bo poszła na spotkanie z Jeremim Przyborą. W krótkim czasie dzwoniłam do niej kilka razy i zawsze słyszałam taką samą odpowiedź na pytanie: Czy jest Magda? W końcu nie wytrzymałam, zwłaszcza że z Karolakiem nie tylko znaliśmy Przyborę, ale także bardzo go lubiliśmy, i zapytałam: Po co ona tak stale biega do tego Przybory? Na co jej mąż stwierdził: Aaa, bo oni chyba na ślizgawkę razem chodzą.

I wtedy dostałam ataku śmiechu, wyobrażając sobie ich na ślizgawce. Magdę byłam w stanie nawet zobaczyć oczami duszy w takim miejscu. Ale Przyborę? Tego dystyngowanego Starszego Pana na ślizgawce?! Dzięki niej dowiedziałam się czegoś nowego o człowieku, którego uważam za absolutnego mistrza słowa.

Mnie Magda będzie się zawsze kojarzyła z Maćkiem Zembatym. W latach osiemdziesiątych byli trochę jak dzieci kwiaty. A to na bosaka razem gdzieś chodzili, a to ona pojawiała się w długich kreacjach.

Później kontakty z Magdą nam się rozluźniły. Odnowiłam je ostatnio, zresztą dzięki Arturowi Andrusowi, bo wymyślił program, w którym występuję właśnie między innymi z nią. I dzięki temu mi się przypomniało, jakie ona ma genialne poczucie humoru. Na koniec występu Artur zawsze śpiewa jeden ze swoich hitów, czyli *Cyniczne córy Zurychu*. (Tej piosenki nie da się streścić, a jeśli jej Państwo nie znają, koniecznie proszę poszukać w internecie, wiem że tam jest). Pewnego razu, gdy siedziałyśmy już, odpoczywając w garderobie po naszych występach, Magda wpadła na pomysł, że obwiążemy sobie głowy szalami albo chustami i jako cyniczne córy Zurychu wykonamy jakiś układ choreograficzny. Artur nie miał pojęcia o naszym planie. Stał z przodu sceny tuż przed publicznością i nie zauważył nie tylko tego, że stajemy za jego plecami, ale także tego, że zaczynamy, niczym tancerki w *Jeziorze łabędzim*, „płynąć" z jednego końca sceny na drugi. Z tego powodu zupełnie nie mógł zrozumieć, dlaczego publiczność tak nagle wybuchła śmiechem. To, co się działo na widowni, nie było normalną reakcją na jego śpiew. W końcu się zorientował, że ludzie patrzą na coś, co jest za nim, odwrócił głowę i się ugotował. Nie był w stanie dokończyć piosenki.

I taka jest właśnie Magda – twórcza i dowcipna.

Artur Andrus

Artur to niesłychany człowiek; podziwiam go za umiejętność zabawy słowem i talent do pisania wspaniałych piosenek. To jeden z niewielu ludzi, których naprawdę lubię i cenię.

Poznaliśmy się w radiowej Trójce w połowie lat dziewięćdziesiątych. Pewnie nie doszłoby do tego, gdyby nie zadzwonił do mnie Anatol Potemkowski. Starsi Czytelnicy kojarzą go pewnie z kabaretów Szpak oraz Dudek, z którymi współpracował, a młodsi – ze „Szpilkami". W międzyczasie był jeszcze związany z Programem III Polskiego Radia i tam właśnie się poznaliśmy. Potemkowski zadzwonił do mnie z informacją, że w Trójce jest nowy kierownik redakcji rozrywki. Niestety, nie znał go, wiedział o nim tylko tyle, że to młody i sympatyczny człowiek.

– Może spotkalibyśmy się z nim? Warto porozmawiać, bo może zrobimy coś razem? – zaproponował.

Ucieszyłam się, bo miałam długą przerwę we współpracy z Trójką, a zawsze wolałam pisać teksty dla radia niż do gazet czy dla telewizji.

Potemkowski bardzo chciał, żebym poszła razem z nim na spotkanie z Andrusem albo jeszcze lepiej porozmawiała z nim sama. Nie pamiętam już, jak mnie przekonał do tego drugiego rozwiązania. Pewnie się zgodziłam, bo mi naprawdę brakowało radia.

Poszłam na Myśliwiecką, weszłam na pierwsze piętro budynku, gdzie mieszczą się pokoje redaktorów oraz tak zwane studia produkcyjne (tam nagrywa się audycje, które będą odtworzone później z komputera). Stanęłam na początku długiego korytarza i zastanawiałam się, do których drzwi zapukać. Dylemat na szczęście rozwiązał się sam, bo zanim na cokolwiek się zdecydowałam, zobaczyłam, że w moją stronę biegnie jakiś młody człowiek. Pomyślałam sobie, że to pewnie stażysta, który niesie coś do studia, bo w rękach miał pudełka z taśmami (wtedy nagrania przeznaczone do emisji były odtwarzane nie z płyty czy komputera, ale z magnetofonu). Zatrzymałam go.

– Strasznie pana przepraszam, gdzie tu mogę spotkać Artura Andrusa? – zapytałam.

– To ja jestem – odpowiedział, uśmiechając się, młody człowiek. Znacznie młodszy, niż się spodziewałam.

Zaczęliśmy rozmawiać. I bardzo szybko się okazało, że nie tylko mamy wspólny język, ale po prostu się lubimy. To była sympatia od pierwszego wejrzenia. Artur ucieszył się z propozycji współpracy, którą złożyłam w imieniu Potemkowskiego i swoim. I się udało, bo przez jakiś czas robiliśmy audycje w jego redakcji. W pewnym momencie nasza współpraca nawet się rozszerzyła poza radio, bo pan Andrzej Urbański, ówczesny redaktor naczelny „Życia Warszawy" (dziś ten dziennik już nie istnieje, ale wtedy był popularny w całym kraju, a nie tylko w Warszawie, jakby sugerował tytuł), zaprosił Potemkowskiego, Młynarskiego, Artura i mnie do współpracy przy tworzeniu strony satyrycznej w swojej gazecie. I robiliśmy ją, przy okazji świetnie się bawiąc, tydzień w tydzień przez dwa lata.

Jak nigdy nie chciałam mieć dzieci, tak Artur mógłby być moim synem. I tak się stało, mimo że go nie adoptowaliśmy. Wszystko za sprawą pewnego żartu.

Mieliśmy wspólnie z Karolakiem wystąpić w serialu *Spadkobiercy*. Cała zabawa polega na tym, że nie ma scenariusza; wszystko jest improwizowane. Czekaliśmy stremowani na swoje wejście, bo dopiero gdy wychodziło się na scenę, to reżyser, czyli pan Kamys, mówił, kim się będzie. Nagle zobaczyłam, że na scenie jedna z bohaterek trzyma na ręku małe dziecko. A wszyscy wiedzą, że sama dzieci nie mam i ich posiadanie nigdy nie było moim marzeniem.

– Matko Boska, jak oni wymyślili, że ja będę nianią tego dzieciaka, to będzie nieszczęście – szepnęłam do Karolaka, idąc już w kierunku sceny.

Okazało się, że jesteśmy rodzicami, ale na szczęście bardzo już dorosłego Artura Andrusa. Choć i tak naprawdę się wtedy zdenerwowałam, bo jak dziś pamiętam, że odpowiadałam wyjątkowo głupio.

W pewnym momencie Artur zaczął się cieszyć, że wreszcie po latach odnalazła się jego matka. I nastąpiła taka wymiana zdań:

– Mamo, powiedz, bo ja to pamiętam do tej pory, chociaż jestem już dorosły, dlaczego nigdy nie karmiłaś mnie piersią?

– Bo się brzydziłam, synku – wyrwało mi się.

Publiczność się śmiała. A mnie było cholernie głupio, bo to było takie naturalnie szczere. Chyba rzeczywiście brzydziłabym się, gdybym miała dziecko.

Ale Arturem jako dzieckiem bym się chwaliła. Bo to wyjątkowo zdolny człowiek.

Z mojego punktu widzenia, poza talentem, ma pewną niebywałą zaletę. W przeciwieństwie do mnie nie trwoni pieniędzy. I gdy mi brakuje gotówki, zawsze mogę od niego pożyczyć kilkaset złotych. Kiedyś pożyczałam od Marcina Wolskiego, ale mnie wkurzał. Za każdym razem dawał mi jakieś złote rady, na przykład, żebyśmy wprowadzili się z Karolakiem do mieszkania mojej Mamy, a nasze wynajęli i na tym zarabiali, skoro nie możemy związać końca z końcem. Dlatego wolę pożyczać od Artura. On się nie krzywi, kiedy przychodzę pożyczyć pięćset albo tysiąc złotych. Poza tym każda okazja jest dobra, żeby z nim porozmawiać. A dziś ludzie są tak zagonieni, że nie mają czasu się spotkać.

Niedawno mieliśmy okazję pogadać, pisząc nasze dwie książki. Teraz rozmawiamy głównie, jeżdżąc po kraju z programem *Dużo kobiet, bo aż trzy*. Po występie spotykamy się w hotelowej kawiarni czy restauracji. Zwykle mamy siłę, żeby porozmawiać z pół godziny i pierwszy, żeby odespać zmęczenie, od stolika wstaje Artur. On jest bez przerwy w trasie albo solo, albo z różnymi grupowymi programami. Nie dziwię mu się, w tej branży tak jest, że trzeba wykorzystywać popularność. Nikt nie ma pewności, czy za kilka lat publiczność w ogóle będzie pamiętała człowieka. Choć w przypadku Artura nie mam wątpliwości; publiczność jeszcze długo będzie go kochała.

Jerzy Dobrowolski

Człowiek, któremu zawdzięczam bardzo wiele, a właściwie wszystko, co osiągnęłam, bo to on namówił mnie do pisania. Notabene do swoich słuchowisk wplatałam bardzo wiele różnych powiedzonek Jurka, które padały w trakcie naszych prywatnych rozmów. To był prawdziwy mistrz błyskotliwych ripost.

Kiedyś na przykład przyszedł w odwiedziny do Wojtka Młynarskiego i zrobił tam zupę, pewnie z proszku.

– I jak zupa? – pyta zadowolony z siebie gospodarza.

– Wiesz, że całkiem dobra – odpowiada Młynarski.

– A w smaku?

Wszyscy wiedzieli, że Dobrowolski za dużo pił, a jego żona nie patrzyła na to łaskawie. W końcu Jola Zykun zapowiedziała mu, że jeśli raz jeszcze przyjdzie pijany, to go zamorduje. Kilka dni później wróciła do domu i widzi następującą scenę: Jurek leży bezwładnie na łożu, a obok niego nóż, żeby nie musiała chodzić daleko. Cały Dobrowolski.

Nigdy nie był taką gwiazdą jak te dzisiejsze gwiazdeczki typu Ibisz czy Cichopek. Wtedy nie było takich gwiazd, choć przecież Jurek był wybitnym zarówno reżyserem, jak i aktorem. Stworzył jeden z pierwszych powojennych warszawskich kabaretów, czyli kabaret Koń w 1957 roku, potem była jeszcze Owca. To on właściwie ukształtował powojenną scenę rozrywkową w Polsce. Bez niego historia polskich kabaretów byłaby zupełnie inna. A przecież poza tym nie tylko reżyserował słuchowiska radiowe, ale także w nich występował. Pojawiał się też w filmach. To naprawdę ktoś.

Wojciech Cejrowski

Straszne z niego dziwadełko. Mimo jego, hmm, nazwijmy to delikatnie, „dziwności" kiedyś nawet go lubiłam, potem jednak zdecydowanie przestałam. Ale obiektywnie muszę przyznać, że programy podróżnicze robi dobre. Natomiast jak przypominam sobie jego audycje „WC Kwadrans", gdzie przebrany za kowboja walił jakimś kuflem czy kubkiem w stół i prawił te swoje niedorzeczności o polityce i wierze, to od razu robi mi się niedobrze.

Najpierw poznałam jego ojca Stanisława Cejrowskiego. Oczywiście, stało się to za sprawą Karolaka, bo stary Cejrowski był przez wiele lat dyrektorem Jazz Jamboree (notabene dzięki niemu ta impreza zyskała rangę i stała się znana także poza Polską) oraz sekretarzem generalnym Polskiego Stowarzyszenia Jazzowego.

Od czasu kiedy związałam się Karolakiem, często bywałam w środowisku jazzowym i to naturalne, że szybko poznałam jedną z ważniejszych postaci w tym światku. To był taki sobie pan, ale na swój sposób go lubiłam. Koło niego zawsze kręcił się Wojtek. Potem zamienili się rolami. Jak skończył się PRL, w którym stary Cejrowski był nieźle ustawiony i świetnie zarabiał na muzyce, został menedżerem swojego syna. To chyba on w dużej mierze stał się sprawcą popularności tego koszmarnego programu „WC Kwadrans".

Wojtka też na swój sposób polubiłam, bo nawet kilka razy zapraszałam go do radia do swoich audycji. Jednak zawsze był dla mnie takim dziwadełkiem. A to przyszedł do studia na bosaka, a to w trakcie nagrania cały czas miał coś w rękach. Pamiętam jak dziś, to była nocna audycja, prawie dwugodzinna, a on cały czas coś z tej ręki skubał i podnosił do ust. W końcu zapytałam go, co je. Odpowiedział, że suszone mrówki.

Niestety, cały czas się radykalizował. Trochę mnie uraził tym, co napisał na swoim blogu. Stwierdził, że jestem jak zgniła śliwka w koszyku zdrowych polskich śliwek:

W tak radykalnej sytuacji należy gnijącą śliwkę usunąć z kosza, by nie zgniły inne zdrowe. Pani Czubaszek nie należy zapraszać, ją należy wypraszać. Pomijać milczeniem. Nie chodzić do miejsc, w których jest gościem; zmieniać kanał, na którym gada. Można się za nią modlić – z daleka. O rozum, o serce, o łaskę [...]. Te rączki i nóżki, które kazała rozszarpać, bo „nie lubi dzieci", czekają gdzieś tam w niebie na mamusię, która je kazała spuścić do kibla. Oby się doczekały. Oby w porę przyszło nawrócenie.

Trochę mi było przykro, kiedy to przeczytałam. W sumie jednak ten tekst bardziej mnie rozśmieszył, niż zasmucił. Dlaczego akurat porównał mnie do śliwki? I jest tak, jak mu w końcu publicznie odpowiedziałam: „Jak słyszę pewne osoby po mojej wypowiedzi, to sobie myślę: Boże, teraz dopiero widzę, jak cudownie, że tak zrobiłam [usunęłam dwukrotnie ciąże]. Przepraszam, gdyby mi się trafił taki synek jak Wojciech Cejrowski, to bym się chyba powiesiła".

Dziś do młodego Cejrowskiego nie mam nawet odrobiny sympatii czy szacunku. Natomiast nie wyłączam telewizora, kiedy leci jakiś jego program podróżniczy. Jeśli nie mówi o wierze i moralności, to potrafi nawet opowiadać ciekawie.

-Serwis wiadomości różnych,nierzadko prawdziwych.

-Wczoraj rano,w późnych godzinach wieczornych zakończyły się strzelecki zawody w tenisie stołowym na trawie.W wadze ciężkiej,stosunkiem bramek 3:1,w rewelacyjnym czasie 3,05 wygrała w pięknym stylu empire - Irena Dziedzic,która w ostatniej chwili wycofała się z zawodów z powodu awarii silnika.

-24 czerwca w muzycznym studio P.R. odbyło się nagranie audycji "Twarzą w twarz."Niewątpliwie najatrakcyjniejszym punktem programu było wniesienie,[illegible] na estradę autentycznej, przedwojennej Ireny Dziedzic.Nielicznie przybyła publiczność uczciła to chwilą krępującego milczenia.

-Rewelacyjnego odkrycia dokonała wczoraj grupa archeologów pod kierownictwem profesora Michałowskiego.Otóż w czasie prac wykopaliskowych w Biskupinie,badając ślady kultury łużyckiej z okresu paleolitu ekipa natrafiła na znakomicie zakonserwowaną Irenę Dziedzic.Tak więc zjawisko dziedzic-ności było już znane 700 lat przed naszą erą.

-Dziś rano odbyło się spotkanie towarzyskie w szermierce słownej między Ireną Dziedzic a jej publicznością.W drugiej części spotkania publiczność zadała dwa trafienia,ale Irena Dziedzic trafień tych nie uznała.Wyłapując wszystkie ciosy na szczękę i żołądek zdobyła zdecydowaną przewagę i jednoosobowe jury,po burzliwych naradach,przyznało jej jednogłośnie zwycięstwo.Spotkanie upłynęło w szczerej i serdecznej atmosferze.

-Jak donoszą z kół dobrze poinformowanych,za parę dni Irena Dziedzic kończy 58 lat.Z tej okazji urządza swe kolejne,tradycyjne już 40-te urodziny.Wbrew pozorom,I.Dziedzic wygląda młodo i ładnie.

CAŁKIEM PRYWATNIE

Gotowanie

Od trzydziestu lat karmię siebie i męża tylko parówkami. Sądzę, że już się przyzwyczaił, bo nawet nie narzeka. Przypuszczałam, że przez ponad trzydzieści lat naszego związku być może nawet je polubił. Nie robię nic innego, bo nie potrafię gotować. Sama jem jak pies, raz dziennie. A jedynym domownikiem, który jadał porządny gotowany obiad, był nomen omen mój ostatni pies.

Gotowanie, podobnie jak inne umiejętności, którymi powinna się charakteryzować tak zwana dobra żona, są mi całkowicie obce. Głównym daniem w naszym domu są parówki. Ale umiem je przyrządzić aż w trzech wersjach:

1. parówka surowa,

2. parówka z wody (należy nabić parówkę na widelec, odkręcić kran z ciepłą wodą i trzymać parówkę pod strumieniem, aż będzie ciepła),

3. moja specjalność: parówka podgrzewana nad palnikiem kuchenki gazowej (należy nabić parówkę na widelec i obsmażyć starannie nad palnikiem). Parówka jest gotowa, kiedy ładnie

się zrumieni. Jednak trzeba pamiętać, że również widelec się nagrzewa, a poza tym uważać, żeby jedząc, nie poparzyć sobie kącików ust.

Ta ostatnia wersja jest najlepsza, ale też najbardziej czasochłonna, dlatego najrzadziej z niej korzystam. Po prostu nie lubię stać nad kuchnią, wolę posiedzieć przed telewizorem.

Z gotowaniem czegokolwiek dałam sobie spokój raz na zawsze kilka lat temu, gdy spróbowałam upiec kaczkę. Chciałam dobrze, a wyszło jak zwykle, bo w przepisie, który dostałam od znajomej, nie było żadnej informacji, że tego ptaka przed włożeniem do piekarnika należy rozmrozić. Zupełnie nie wiem, dlaczego nie napisała o tym istotnym szczególe?!

W lodówce też nie ma specjalnie wiele zapasów, poza światłem można tam znaleźć od groma słoików z resztką musztardy, chrzanu czy keczupu na dnie. Ja bym najchętniej je wywaliła, ale Karolak lubi zostawić do parówek.

Od pewnego czasu Karolak jednak dopytuje się o to, kiedy przyjdą do nas goście, ponieważ wie, że wtedy podam coś dobrego do jedzenia. Oczywiście, nie ja to robię. Wszystko zaczęło się wtedy, gdy regularnie pojawiał się u nas Artur Andrus, żeby nagrywać rozmowy do kolejnych książek. Uznałam, że jego nie wypada częstować parówkami. Artur jest znany z tego, że nie pali i przywiązuje dużą wagę do tego, co je. Z papierosów nie zamierzałam rezygnować, więc postanowiłam mojego gościa chociaż poczęstować czymś smacznym. Z tym nie było problemu, bo niedaleko jest hinduska knajpka, w której zamawiałam jedzenie na wynos. Gdy skończyliśmy pracę nad książką, Karolak był niepocieszony, bo musiał wrócić do jedzenia parówek. Pewnie dlatego tak wypatruje gości. Od razu uprzedzam, że nie specjalizuję się także w deserach.

Nawet spróbowałam, bo dostałam od znajomej przepis na ciasto, którego nie sposób schrzanić. To była szarlotka. Znajoma posunęła się do tego, że dla ułatwienia przygotowała mi nie tylko ciasto, ale i masę jabłkową. Ja miałam tylko kupić tortownicę. I to zrobiłam. Położyłam, zgodnie z przepisem, ciasto na dół, na nim ułożyłam masę i wstawiłam do nagrzanego piekarnika. Po ściśle określonym i dokładnie odmierzonym czasie, zgodnie z przepisem, wyjęłam ciasto z piecyka. Jak zapewniała autorka przepisu, TA szarlotka zawsze wszystkim wychodzi. Mnie wyszła, ale sama na stół. Robiłam szarlotkę, a wyszło coś jak nalewka. Karolak nalał sobie pełen talerz, bo nie tylko lubi szarlotkę, ale był też miłośnikiem płynów. Jak zapewniał, było bardzo dobre. Nie powiedział, czy w smaku też.

Jedyną osobą, która w domu jadała normalnie, był mój pies Supron. Dla niego gotowało się prawdziwy obiad. Oczywiście, to nie ja się tym zajmowałam, bo wtedy jadałby tylko parówki. Obiady robił jego opiekun, który zajmował się nim w dzień, kiedy ani mnie, ani męża nie było w domu. Ten pan traktował Suprona jak swojego pieska, dlatego przygotowywał mu wspaniałe potrawy.

Czasem, zwłaszcza kiedy Karolak wyjeżdżał na koncerty, bywało tak, że w lodowce oprócz psiego jedzenia nie było niczego innego, bo uważałam (i nadal uważam zresztą), że jedzenie śniadań na czczo szkodzi. Z tego powodu nie robię porannych zakupów, a o tym, że nic nie jadłam, przypominam sobie zazwyczaj już po zamknięciu wszystkich okolicznych sklepów. I wtedy zdarzało się, że skubnęłam sobie coś z posiłku Suprona. Zazwyczaj miał bardzo dobre mięso z warzywami. Ale wiedziałam, że on nie lubi podkradania, więc zawsze przed zjedzeniem, musiałam mu solennie obiecać, że odkupię to, co zabrałam.

Sprzątanie

To akurat nigdy nie była moją pasją. Szczerze, to nie jestem nawet pewna, gdzie w naszym domu stoi mop. Na szczęście w takich kwestiach orientuje się pani, która przychodzi sprzątać. My z Karolakiem nigdy nie daliśmy się zwariować i przekonać, że sprzątnie czyni ludzi szczęśliwymi.

Pani Małgorzata Rozenek, z zawodu gwiazdka telewizyjna, próbowała przekonywać mnie i innych widzów swojego programu w TVN, że jak się jest perfekcyjną panią domu, to trzeba sprzątać dla ludzi, których się kocha. A jednak, mimo że w TVN dwoiła się i troiła, pucując, co się da, to jej się rypnęło w życiu i się rozwiodła. Podobno zresztą jej porady nie były specjalnie skuteczne, a prywatny dom nie był taki znowu perfekcyjny. Z tego powodu zdjęcia do programu musiały być kręcone w wynajętej willi. Poza tym wyszło na jaw, że pani Rozenek, gdy gasły światła kamer, korzystała z pomocy sprzątaczki.

Muszę przyznać, że rozwiodłabym się z Karolakiem, gdyby nagle zaczął sprzątać nasze mieszkanie. A w najlepszym razie, gdybym zobaczyła go biegającego z odkurzaczem po domu, to zadzwoniłabym po pogotowie, bo uznałabym, że zwyczajnie zwariował.

Sport

Z mężem jesteśmy wyznawcami zasady: Przez sport do kalectwa. Nie interesujemy się żadnym sportem, a zwłaszcza zdecydowanie piłką kopaną. Ciągle nie jestem w stanie zrozumieć, co jest fascynującego w tym, że dwudziestu dwóch spoconych facetów ugania się za jedną małą skórzaną kulą.

Mam tylko jedną słabość. Podobają mi się wyścigi samochodowe. Tak jest od dziecka. Kiedy byłam mała, mieszkaliśmy na Rozbrat i ojciec zabierał mnie na wyścigi motocyklowe i samochodowe na Agrykolę. Do dziś pamiętam ustawiane przy chodnikach bariery ze słomy...

Potem zaczęłam oglądać transmisje z wyścigów Formuły 1. Z miejsca moim ulubieńcem stał się brazylijczyk Ayrton Senna. Jak mogło być inaczej? Nie dosyć, że świetny kierowca, to jeszcze superprzystojny facet! Był dla mnie uosobieniem męskości. Oglądałam wyścig, w którym się rozbił, i strasznie przeżyłam jego śmierć. Wtedy straciłam serce do Formuły 1. Tym bardziej że akurat zaczął wygrywać Michael Schumacher. Brzydki jak musztarda, a ja nie lubię brzydkich facetów. Zawsze powtarzam, że mężczyzna nie musi być brzydki. Co nie znaczy oczywiście, że musi być piękny jak bracia Mroczek. Ale wolę, kiedy jest przystojny. Jak Woody Allen.

Dajmy się zwariować!

Sportem nie pasjonuję się w ogóle. Piłką nożną jeszcze mniej. Porobiło mi się tak od dziecka i w związku z tym wydaje mi się to już zupełnie normalne. Kiedy więc parę dni temu po burzliwej dyskusji ze znajomym pesymistą założyłam się o 500 złotych, że Polacy wrócą z Argentyny ze złotym medalem, dosyć mnie to zdziwiło. Czyżbym i ja dała się w końcu zwariować? Na wszelki wypadek z mężem założyłam się, również o 500 złotych, że Mundialu nie wygramy i planowany na czerwiec urlop przeniosłam na lipiec. (W domu wczasowym może nie być kolorowego telewizora).

Następnie poszłam do lekarza.

W Zespole Psychiatrycznej Opieki Zdrowotnej przy ulicy Kolskiej przyjął mnie pan doktor Tadeusz Zieliński.

Opisałam zaobserwowane u siebie objawy.

– Czy pana zdaniem jest to normalne?

T. Zieliński: – Oczywiście.

„Szpilki": – To mnie pan pocieszył. Poważnie! Bo szczerze mówiąc, dla mnie osobiście fakt, że w końcu jedna piłka, dwie bramki i trzydzieści par nóg...

T. Zieliński: – Nie trzydzieści tylko dwadzieścia dwie.

„Szpilki": – Tym bardziej! To nawet mniej niż myślałam. I pana zdaniem jest to wystarczający powód, żeby aż tak rozentuzjazmować miliony Polaków? Przecież to istne szaleństwo!

T. Zieliński: – Może szaleństwo, ale na pewno normalne. Choćby z punktu widzenia naszych cech narodowych. Polacy potrzebują wielkich zrywów, czegoś szczególnego, niecodziennego. Wtedy potrafią się entuzjazmować. Czują się bardziej ze sobą związani. Na mistrzostwach naszą drużynę będzie obserwować niemal cały świat. Jeśli wygra, to nie tylko drużyna. Ale cała Polska.

„Szpilki": – Czy tego typu emocje, o takim nasileniu, nie wpływają niekorzystnie na psychikę?

T. Zieliński: – Wprost przeciwnie. Są bardzo korzystne. Rozładowują szereg napięć. Poza tym koncentrują zainteresowanie na tej właśnie sprawie. Dzięki temu zapomina się o różnych kłopotach, które w końcu każdy ma. Jako ordynator Oddziału Odwykowego zalecam swym pacjentom tego typu emocje. Staram się zresztą, żeby nie tylko pasjonowali się sportem jako kibicie. Inspiruję ich również do uprawiania sportu.

„Szpilki": – Skoro padła już nazwa oddziału, którego jest pan ordynatorem... Powszechnie wiadomo, że wielkie emocje sportowe łączone są nierzadko z alkoholem, niestety.

T. Zieliński: – Co gorsza, z jego nadużywaniem. Gdyby kibice chcieli uczcić zwycięstwo naszej drużyny dwoma czy trzema kieliszkami, nie byłoby to jeszcze takie groźne.

Osobiście nie popieram tego, ale nie mogę też całkowicie potępić. Ludzie dorośli, którzy nie mają tego typu problemów jak moi pacjenci, mogą od czasu do czasu się napić. Ale w sposób umiarkowany i kontrolowany. Uważam, że picie alkoholu powinno być oparte na zasadzie przewidywania skutków jego działania.

„Szpilki": – Ale nie wszyscy przestrzegają tej zasady. Czy istnieje zauważalny związek między imprezami sportowymi a frekwencją w tutejszej izbie wytrzeźwień?

T. Zieliński: – Niestety, ale tak. Rozgrzani emocjami i alkoholem kibice bardzo często są agresywni, wszczynają bójki, które kończą się interwencją milicji, a następnie wizytą w izbie wytrzeźwień.

„Szpilki”: – A zatem damy się zwariować Mundialem siedemdziesiąt osiem – ale na trzeźwo?!

T. Zieliński: – Otóż to! Mam nadzieję, że nawet najbardziej zagorzali kibicie naszej drużyny nie trafią na Kolską.

„Szpilki”: – Nie mówię więc „do widzenia”, tylko serdecznie dziękuję za rozmowę.

Jazda samochodem

Tę umiejętność dość szybko prawie całkowicie opanowałam. Prawie, jak wiadomo, czyni jednak różnicę. Jeździć umiem, ale mam problem z parkowaniem. To nie znaczy, że nie umiem. Po prostu potrzebuję do tego więcej miejsca niż przeciętny kierowca. Pracując w „Szpilkach", parkowałam ponad pół kilometra od redakcji, zazwyczaj w pobliżu teatru Studio Buffo, bo tam wówczas bywało pusto. Kiedy kończyliśmy pracę, Janek Pietrzak złośliwie proponował: Chodź, podwiozę cię do samochodu.

Popularność

Dopóki nie zrobiłam się stara i telewizje nie zaczęły mnie regularnie do siebie zapraszać, nie byłam specjalnie znana. Kojarzyli mnie głównie radiosłuchacze. I to nie z głosu, a raczej jako autorkę skeczy. Może dlatego tylko raz było mi dane wykorzystać w praktyce swoją popularność?

Ten pierwszy i ostatni raz zapamiętałam doskonale: był wieczór, a ja wracałam do domu nowym samochodem. Na placu Na Rozdrożu zatrzymał mnie policjant, bo mimo że było już ciemno, nie włączyłam świateł (wtedy nie trzeba było jeździć non stop z włączonymi). Powiedziałam mu, zgodnie z prawdą zresztą, że nie wiem, gdzie się je włącza. Westchnął i popatrzył na mnie, jak na głupią albo wariatkę. Wziął dokumenty i chyba naprawdę chciał wypisać mandat. Jednak kiedy spojrzał na prawo jazdy, zaczął się śmiać.

– Pani to zawsze musi wymyślić coś zabawnego – stwierdził i oddał mi dokumenty. Pogroził jeszcze żartobliwie palcem i puścił do domu bez mandatu.

Szybko odjechałam, oczywiście bez świateł. Bo naprawdę nie wiedziałam, jak je włączyć.

Broń

Nie lubię jej, ale raz w życiu musiałam po nią sięgnąć. Nie była zresztą moja. Ale dobrze, że była wtedy w moich rękach.

Kiedyś wynajmowałam pokój w małym mieszkaniu przy Marszałkowskiej od pewnego małżeństwa. On był milicjantem i na trzeźwo był w porządku, ale po wódce było znacznie gorzej. Dostawał małpiego rozumu, niestety. Pamiętam, jak kiedyś po służbie wrócił do domu późnym wieczorem pijany w siwy dym. Z miejsca zaczęła się awantura. Poszło na ostro, bo zaczął grozić żonie, że ją zastrzeli.

W trakcie kłótni musiałam się wymknąć z pokoju do łazienki, żeby zrobić siusiu. Wtedy zobaczyłam, że zostawił swój pistolet w korytarzu przy drzwiach wejściowych. Widząc, że spluwa ot, tak sobie leży, chwyciłam ją i schowałam pod poduszką u siebie w pokoju. Nie chciałam, żeby kłótnia zamieniła się w krwawą jatkę.

Leżałam sobie cicho, słuchając, jak na szczęście bez ofiar kłótnia dobiega końca. Nagle mnie zmroziło, bo milicjant oświadczył żonie: – Ta nasza sublokatorka jest naprawdę taka fajna, a ciebie to już mam serdecznie dość. Idę do niej!

Niestety, nie skończyło się tylko na zapowiedziach, bo naprawdę wszedł do mojego pokoju. Kiedy stanął w progu, wyciągnęłam spod poduszki jego pistolet i krzyknęłam: – Stój, bo strzelam!

Strasznie się bałam. Zwłaszcza tego, że nie trafię gdzieś w ścianę tylko w niego. Na szczęście on też się przestraszył i szybko wrócił do żony. Wątpię, żeby przeraził się pistoletu, który trzymałam w ręku, bo przecież był milicjantem i miał do czynienia z bronią codziennie. Jak sądzę, przestraszył się mnie, bo byłam bez ubrania i makijażu.

Polowanie

Siedziałem na ławce w parku. W pewnym momencie zauważyłem młodą kobietę zmierzającą w moim kierunku. Trochę mnie to zaniepokoiło, ponieważ kobieta trzymała pokaźnych rozmiarów dubeltówkę. Choć wszystkie ławki były puste, podeszła do tej, na której siedziałem.

– Można?

Zanim cokolwiek powiedziałem, usiadła i bez słowa zaczęła manipulować przy broni.

– Czy nie jest przypadkiem nabita?

– Oczywiście, że nie! To znaczy jest nabita, ale nie przypadkiem! Bo jadę na polowanie. Na zające. Przygruntowe zresztą.

– Przygruntowe bywają na ogół przymrozki.

– Zające też! Widział pan kiedyś zająca wysoko? Na przykład na drzewie?

– Nie!

– Czyli mam rację, niestety! Bo skoro zające żyją nisko, tuż przy ziemi, to są przygruntowe, nieprawdaż?

– Prawdaż, ale niezupełnie. Pani od dawna poluje?

– A skąd! Dopiero od dziecka.

– A ile ma lat?

– Kto?

– Pani dziecko.

– Ja nie mam dziecka. Ale sama byłam kiedyś dzieckiem. Kiedy byłam mała. I wtedy właśnie pojechałam z ojcem na polowanie. Na zające. I proszę sobie wyobrazić, w pewnym momencie jeden zając robi słupka, staje na nim...

– Na czym?

– Na tym słupku, który zrobił. Staje i wystawia!

– Co wystawia?

– Gucia. To był nasz pies myśliwski. Wylegawiec.

– L e g a w i e c.

– Gucio z natury był wylegawcem, niestety! Nic, tylko by się wylegiwał! Był za to znakomity do wystawiania. Nie było zwierzyny, która by go nie wystawiła! Do wiatru! Poza tym był bezbłędny, jeśli idzie o aport! Można go było aportować przez kilkanaście kilometrów!

– Jego aportować?!

– Tak! Przecież mówię! Ale... ja tak cały czas o polowaniu, a pana może to nie interesuje?

– Nie. To znaczy... nie...samowicie mnie to interesuje!

– Był pan kiedyś na polowaniu?

– Nigdy.

– To niech się pan ze mną zabierze! Będzie mi pan aportować zające! Jestem krótkowidzem i z daleka nigdy nie trafiam, niestety! Zobaczy pan, jak takie polowanie dobrze panu zrobi!

– Kiedy mnie i tak jest dobrze.

– To będzie panu jeszcze lepiej! Wszystkim powinno być coraz lepiej, nieprawdaż?

– Prawdaż... – potwierdziłem bez przekonania.

Jednakowoż na polowanie pojechałem. Miesiąc później się pobraliśmy. I żyjemy długo i szczęśliwie. Jestem pewny, że będziemy ze sobą aż po... rozwód. Poważnie!

Technika

Skutecznie opanowuję tylko te umiejętności, które przychodzą mi z łatwością. Dlatego z techniką, niestety, jestem zazwyczaj na bakier. Nawet banalne czajniki, które miały gwizdki, spaliłam. Zazwyczaj dlatego, że gwizdek wypadał. Sądziłam, że garnków do gotowania na parze nie da się spalić, bo przecież w środku jest woda. Myliłam się.

Bez większego problemu potrafię włączyć telewizor. Ale tylko wtedy, gdy znajdę pilota. Nie mam pralki. To znaczy stoi w domu coś takiego, bo jeszcze mama kiedyś kupiła. Ale nie potrafię jej uruchomić, więc nawet nie zbliżam się do tego urządzenia.

Komputer jest dla mnie przede wszystkim formą maszyny do pisania. Poza tym czasem udaje mi się coś wysłać przez internet. Ale już z przeglądaniem witryn w sieci mam problem. Z tego powodu nie zaglądałam nawet na swój blog.

Telefonu komórkowego nie potrafię nawet włączyć i wyłączyć. Dlatego się staram, żeby stale był włączony i żeby nie zabrakło prądu w baterii. Na szczęście służy długo, bo komórki używam tylko do dzwonienia. SMS-y próbowałam wysłać dosłownie dwa razy w życiu. Do Krzyśka Kowalewskiego nawet się udało, ale już próba skomunikowania się w ten sposób z Arturem Andrusem, niestety, zakończyła się fiaskiem. Po iluś minutach męki z szukaniem na klawiaturze odpowiednich literek poddałam się i zadzwoniłam. Było znacznie szybciej.

I to koniec mojej listy sukcesów. Zdarzyło się nawet, że spaliłam rękawice żaroodporne. Dlatego też nie gotuję, ale to już zupełnie inna historia.

NAŁOGI, ZDROWIE I ŚMIERĆ

Dymek z papierosa

W dzisiejszych czasach, żeby nie być passé, każdy musi być „e" (rym nie był zamierzony, ale skoro już jest, niech zostanie). Z elektronicznych gadżetów, jeśli już mam po coś sięgać, to po e-papierosa. Szczerze mówiąc, wolę te tradycyjne, prawdziwe, „analogowe" – z filtrem, żarem i tym zapachem dymu. Z elektronicznego korzystam tylko wtedy, gdy nie mam wyjścia, ponieważ jest zakaz, a ja czuję, że natychmiast muszę zapalić, bo inaczej stracę kontakt z rozumem.

Dlaczego palę? Bo, jak każdy, nie chcę się starzeć. Jeśli prawdą jest to, co mówią lekarze, że każdy papieros skraca życie o trzy minuty, to znaczy, że jestem dużo młodsza od moich rówieśniczek.

Palę od siedemnastego roku życia. Tata też był nałogowcem. Mama zresztą uważała, że palę przez niego. Kiedy po upadku Powstania Warszawskiego tata trafił do obozu w Stutthofie, każdą brukiew wymieniał na papierosa. Jak twierdzi, tylko dzięki temu przeżył, bo bez brukwi się da, a bez papierosa nie. Rozumiem go, bo kopcę codziennie trzy paczki. Pewnie minister zdrowia będzie miał mi za złe i mój nałóg, i szczerość, z jaką o nim mówię. Za to fakt, że palę, na pewno docenia zaprzyjaźniony kioskarz, który niewątpliwie ma prowizję od każdej sprzedanej paczki. Cieszą się również kolejni ministrowie finansów, niezależnie od opcji politycznej i stosunku do papierosów, bo wpływy z podatków wciąż są kilkakrotnie wyższe od wydatków na leczenie. Moje wysiłki docenił też Szymon Majewski, który nominował mnie w swoim plebiscycie VIVAT! NIE najpiękniejsi, w kategorii Stara, ale jara.

Czy myślałam kiedyś o rzuceniu? W ramach postanowień noworocznych rokrocznie sobie przyrzekam, że będę paliła nadal! I ja, i mój mąż!

Na ulicy, na spotkaniach autorskich ludzie pytają, czy się nie boję, skoro palenie szkodzi? Cóż, gdy nie paliłam, nie miałam zmarszczek, za to miałam bielsze zęby. Jednak nie słyszałam, by lekarze znaleźli lek na oznaki upływu lat. A po śmierci... Jak większość palaczy na świecie, chcę być spalona.

Jestem świadoma tego, że palenie zabija. Tyle że nie od razu i nie zawsze. Wiem to po sobie, bo palę od wieków i żyję. Są rzeczy, które trują znacznie bardziej niż papierosy. Choćby politycy lejący słowa z ekranów. One skutecznie oczadzają ludzi. Mieszkający w Warszawie człowiek bywa narażony na regularne protesty, pikiety, marsze. Dla wzmocnienia efektu niezadowoleni palą flagi albo opony, albo wozy transmisyjne stacji telewizyjnych.

Wracając do świata z wynalazkami na „e". Cokolwiek by o nich mówić, to jednak ułatwiają życie. Zdarzało mi się spóźniać na umówione spotkania na drugim końcu kraju, bo się okazywało, że w pociągu, którym mam jechać, nie ma wagonu dla palących. Każdy nałogowiec przyzna, że lepiej się spóźnić niż męczyć bez dymka. Paląc, spokojnie czekałam zatem na kolejny pociąg; taki, którym można podróżować, zaciągając się papierosem.

A zakazy palenia w miejscach publicznych? Kiedyś omal nie popłakałam się ze śmiechu, gdy pewien pan zwrócił mi uwagę na przystanku, mówiąc, że tu jest zakaz palenia, więc nie powinnam narażać czekających na wdychanie dymu z mojego papierosa. Oczywiście, grzecznie zgasiłam, zwłaszcza że właśnie podjeżdżał autobus. Ach, jakiż huragan aromatycznych spalin ulatniał się z jego rury wydechowej! Jako satyryk doceniłam wyrafinowany żart pana, który się upierał, że tak bardzo przeszkadza mu zapach małego, cienkiego papierosa.

Choć się wydaje, że teraz niepalący bardziej zatruwają życie palącym niż odwrotnie, to nie czuję się dziś dyskryminowana jako palacz. W pobliżu domu mam zarówno lokale, w których właściciele, powtarzając gest Rejtana, kładą się w drzwiach i jak mantrę powtarzają: „U mnie nie pali się i basta!". Są jednak również i tacy, którzy przyznają, że urządzają kąciki dla palaczy, bo sami palą. Palacze też przecież działają w przestrzeni publicznej i chcą korzystać z należnej im wolności wyboru. Jak powiedział kiedyś Jan Nowicki: Zdrowia ze sobą do grobu nie wezmę.

Kiedy gospodarz czy to domu, czy lokalu, nie życzy sobie dymu, wówczas nie palę. Jednak przymusowy post odbijam sobie natychmiast po wyjściu, kopcąc jak smok. Albo sięgam po to coś na „e".

Zdrowie

Gdy umierała moja mama, opiekując się nią, nabawiłam się przepukliny. Wtedy po raz pierwszy od trzydziestu lat zrobiłam sobie badania. Pamiętam, że kiedy lekarz zobaczył zdjęcie rentgenowskie moich płuc, to zawołał pielęgniarkę czy też swoją asystentkę.

– Proszę to zobaczyć! – dosłownie krzyknął ze zdziwienia. – W tych płucach nic nie widać. Żadnych efektów palenia – dodał.

Naprawdę nie mógł wyjść z podziwu, że mam płuca w tak dobrym stanie. Potem jeszcze się okazało, że i serce mam w porządku. Nic strasznego się nie dzieje. Ale zdrowiem nigdy się specjalnie nie przejmowałam.

Pamiętam, jak kiedyś w telewizji był program o szkodliwości palenia. Karolak, oglądając pokazywane na ekranie obrazki, chyba trochę się przestraszył, bo zgasił papierosa, szepcząc: „Matko Boska". A potem z nerwów wypalił trzy razy tyle co zwykle. A ja spokojnie siedziałam i patrzyłam, paląc sobie, bo czego się bać? W końcu na coś kiedyś trzeba umrzeć.

Palę trzy paczki dziennie, czyli minimum sześćdziesiąt papierosów w ciągu doby. Młodość musi się wyszumieć, a starość – wypalić. Janek Nowicki zawsze mówił, że zdrowia do grobu i tak nie wezmę. A mój ukochany Woody Allen powtarza, że kto żyje, ten umrze. To naturalne. Dlatego na przykład już dawno zapowiedziałam, żeby mnie nie ratować na siłę.

Wiem, że każdego w końcu coś trzepnie. Mnie też. I wszystko mi jedno, czy będzie to zawał, problem z płucami czy starość. I nie ma sensu się przygotowywać. Bo po co? Trach, bach i po balu. Świat istniał, gdy mnie nie było, i będzie trwał, gdy mnie już nie będzie.

Starość

Im jestem starsza, tym częściej uświadamiam sobie, że tak naprawdę starzejemy się już od urodzenia. Kiedyś mi się wydawało, że ten przykry moment życia zaczyna się wtedy, gdy ludzie zaczynają nam ustępować miejsca w tramwaju czy w autobusie. Jakże się myliłam. Na szczęście z błędu wyprowadził mnie mój znakomity kolega Jacek Fedorowicz. Podczas jakiejś dyskusji rzucił błyskotliwą myśl, że starość zaczyna się dopiero wtedy, gdy ktoś pomyśli sobie: Jest tak mokro, zimno, wieje, nie dam rady, nie wyjdę dziś pobiegać. A ja tak miałam od dziecka. Niezależnie od pogody nie miałam nigdy ochoty na przebieżkę! Nawet na najkrótszym dystansie.

Fedorowicz zapewnia, że starym nie jest nawet ten, kto stanął na starcie maratonu i po upartej walce z czasem dobiegł do mety dopiero następnego dnia pod wieczór. A ja w życiu nie tylko nie dobiegłam do mety, ale nawet nie stanęłam na starcie – bo mi się nie chciało. A zdaniem Jacka wtedy jest się starym, kiedy już się nie chce.

Pewnie dlatego dziś nie martwi mnie starość, bo wychodzi na to, że byłam w tym stanie permanentnie od dziecka.

Eutanazja

Wesołe jest życie staruszka, ale, niestety, tylko w Kabarecie Starszych Panów. Może to zabrzmi banalnie, ale uważam, że starość jakoś nie wyszła Panu Bogu. Wiem to z autopsji.

Kiedy patrzę na swoje bardzo długie już życie, widzę, że wszystko poszło nie tak. Zupełnie inaczej wyobrażałam sobie ten moment życia, kiedy byłam jeszcze młoda. Tak, kiedyś byłam młoda, choć pewnie niektórym trudno w to uwierzyć. Ba, nawet mnie samej przychodzi to dzisiaj z trudem. Ale wtedy wierzyłam, że gdy osiągnę już wiek bardzo dojrzały, to będę miała pieniądze, będę mogła chodzić z psem na spacery, a potem siedzieć sobie przed telewizorem, paląc papierosa, albo grać ze znajomymi w pokera o duże stawki.

Rzeczywistość, pewnie nie tylko dla mnie, okazała się zupełnie inna niż młodzieńcze marzenia. Sprawdziło mi się tylko to, że jestem starszą panią. Niestety, znacznie starszą, niż sobie to w młodości wymarzyłam... Poza tym rzeczywiście palę. Niby jeszcze oglądam telewizję, ale brakuje mi na to czasu, bo muszę pracować. Starość wcale nie jest ani wesoła, ani piękna. Może dlatego w pewnym momencie życia zaczęli mi imponować samobójcy. Bo wiem, że kiedy już stanę się tak niedołężna, że nie będę mogła nawet nalać sobie sama szklanki wody albo trzeba mi będzie zakładać pampersy, to sięgnę po jakieś tabletki nasenne. Nie chciałabym rzucić się z okna, ponieważ to jest wyjątkowo nieestetyczne.

Uważam, że eutanazja jest dobrym rozwiązaniem, jeśli człowiek chce odejść godnie, dlatego ją popieram. Pewnie nie doczekam, zwłaszcza teraz, gdy rządzi PiS, jej wprowadzenia w Polsce. Najwyżej sama sobie ją zorganizuję. Dlaczego? Bo chcę mieć prawo być miłosierna dla siebie, tak samo jak jestem miłosierna dla zwierząt. Gdy wiem, że zwierzę jest śmiertelnie chore i się męczy, to wzywam lekarza i proszę, żeby je uśpił. I ja też, kiedy będę beznadziejnie chora albo niedołężna i uzależniona od innych, to chciałabym być uśpiona. Nie oburza mnie, że ktoś może powiedzieć, że postąpią ze mną jak z psem. Naprawdę nie ma w tym nic złego, zwłaszcza że strach przed zależnością od innych odbiera mi chęć do życia. Chciałabym móc umrzeć bez świadomości nieubłaganie nadchodzącego najpierw cierpienia czy zniedołężnienia, a dopiero po tym wszystkim – śmierci. To odbiera chęć do życia jeszcze wtedy, gdy nie jest tak źle. Widziałam, jak moja mama i babcia się męczyły, czekając na swój kres. To było koszmarne doświadczenie. Nie tylko dla nich, ale także dla otoczenia. Nie uważam, żeby cierpienie uszlachetniało ludzi. Nie chcę ani sama zostać świętą za życia z powodu cierpienia, ani uczynić świętym kogoś, kto musiałby się męczyć i opiekować mną. Dlatego jestem za eutanazją. Życie to sztuka wyboru. Nierzadko bardzo trudna, ale i tak lepiej jest mieć wybór niż go nie mieć.

Mój ukochany Woody Allen kiedyś powiedział: „To nie tak, że boję się umrzeć. Po prostu nie chciałbym być w pobliżu, kiedy to się stanie". Mam dokładnie takie samo zdanie.

Nie boję się zresztą samej śmierci, bo nie traktuję poważnie życia. Zresztą śmierć jest straszna tylko dla tych, którzy zostają. Dla odchodzącego nie ma znaczenia, bo po niej nie ma już absolutnie nic, to jest po prostu koniec; ot, koniec balu. Nie wierzę w żadną reinkarnację ani życie pozagrobowe. Może z tego powodu tak bardzo mnie dziwi, że ludzie wierzący, którzy wierzą w istnienie duszy, tak wielką wagę przywiązują do ciała po śmierci. Wiem, że ciału należy się szacunek, że należy je pochować, ale dla mnie życie człowieka kończy się z jego śmiercią. I nie ma w tym ani nic niezwykłego, ani dramatycznego. To jest naturalne.

Kwestia śmierci jest chyba jedynym powodem moich kłótni z Karolakiem. Ona mnie fascynuje, a jego przeraża. Boi się jej tak panicznie, że wierzy, że będzie żył minimum dwieście lat. Może będzie miał szansę, bo dziś skutecznie przedłuża się życie ludzkie. Tyle że mnie to zupełnie nie interesuje. Najgorsza byłaby dla mnie świadomość, że to się nigdy nie skończy, że się będzie żyło i żyło. Po co wydłużać starość i zniedołężnienie? Wolę, żeby dano mi prawo wyboru, kiedy skończyć. A po śmierci niech mnie spalą, bo brzydzę się robali. A na dodatek, na złość tym wszystkim, którzy zabraniają palić, puszczę dymek jeszcze raz, już po śmierci.

Sens życia

Trudno coś na ten temat powiedzieć, bo życie nie ma sensu. Na szczęście są ludzie, których życie ma sens, np. Woody Allen, Stefania Grodzieńska, Jeremi Przybora, Wisława Szymborska. Oni wszyscy zrobili coś fajnego.

Ale to nieliczne wyjątki. Bo czym jest życie takiego kogoś jak ja, kto niczego sensownego nie stworzył? To, czy ja jestem, czy mnie nie ma, jest bez znaczenia dla świata. A więc życie nie ma sensu. Urodziłam się i muszę jakoś przeżyć do czasu, kiedy to się skończy. Krzysztof Zanussi nazywał życie śmiertelną chorobą.

NATURA I JA

Zwierzęta

Obecny redaktor naczelny Telewizji Republika powiedział kiedyś, że mam w sobie coś z Hitlera, który bardziej kochał psy niż dzieci. Nieprawda. Ale faktem jest, że nigdy nie przepadałam za ludźmi. Nie lubię się powtarzać, ale to nie moje, lecz George'a Bernarda Shawa, więc zacytuję. Kiedyś powiedział: Im bardziej poznaję ludzi, tym bardziej kocham zwierzęta. Zgadzam się z nim.

Im jestem starsza, tym bardziej sobie uświadamiam, że coraz bardziej kocham zwierzęta, a coraz mniej ludzi. Nasz gatunek staje się, niestety, coraz bardziej okrutny. A może zawsze tacy byliśmy? Nie wykluczam, że człowiek z natury nie jest dobry, jak chcielibyśmy, ale zły. Tylko kultura, cywilizacja i przepisy prawa sprawiają, że nie wyrządzamy tyle zła, ile chcielibyśmy. Ludzie są coraz okrutniejsi, i to zupełnie bez powodu. Dlatego coraz bardziej nie lubię ludzi. Spotykam się z nimi tylko zawodowo.

Kiedy byłam młodsza, chodziłam z kolegami z radia na wódeczkę do SPATiF-u, potem z redakcją „Szpilek" do Antycznej. A potem przestałam. Nie pamiętam, żebym w ciągu ostatnich kilku dekad umówiła się z kimś prywatnie. Nawet na kawę, bo ją zwykle piję podczas wywiadów. A tych udzielam aż zbyt wielu. W tej chwili mam chyba już tylko zawodowe znajomości, a prywatnie czuję się dobrze sama z sobą.

Ludzie coraz mniej mi się podobają. I nie chodzi o wygląd, a o to, co w nich siedzi. Marek Edelman kiedyś powiedział: Człowiek jest złym zwierzęciem. I to jest zasada. Żaden człowiek, kiedy jest silny, nie jest dobry. I miał rację. Gdy tylko zajrzę do jakiejś gazety, to tylko szlag mnie trafia, tyle tam złych wiadomości: o wojnach, atakach terrorystycznych i głupocie naszych parlamentarzystów.

Moim zdaniem prawdziwość tezy Edelmana potwierdza stosunek ludzi do istot słabszych, czyli zwierząt. Często słyszę o tym, że jakiś chłop katował psa. I nawet gdy dostał w końcu jakiś śmieszny wyrok, to potem wracał do domu i ze złości zabijał tego nieszczęsnego zwierzaka siekierą lub jakimś łomem. Nie wiem, jak można wyrzucić psa przez okno czy zrobić tak, jak w styczniu tego roku ktoś w Wałbrzychu. Jakiś zwyrodnialec najpierw odrąbał łapy psu, a potem go powiesił. To jest okrucieństwo i bestialstwo bez powodu, bo człowiek nic z tego nie ma, chyba że daje mu to frajdę. Jeżeli jednak komuś czynienie krzywdy daje frajdę, to znaczy, że nie jest to dobry człowiek. Właśnie dlatego uważam, że ludzie jako gatunek nie są tacy dobrzy. I trzeba o tym mówić głośno i otwarcie.

Jesteśmy samolubni, za często myślimy tylko o sobie. Ciągle chcemy więcej i więcej, zwłaszcza pieniędzy. Przyznaję, sama piszę dla pieniędzy. Ale to wszystko powoduje, że ludzie ustawiają się w takiej zaborczej pozycji.

W przeciwieństwo do ludzi psu zawdzięczam życie. Dosłownie. Urodziłam się tuż przed wybuchem II wojny światowej. Gdy we wrześniu 1939 roku zaczynały się naloty na stolicę i ogłaszano alarm dla miasta Warszawy, to rodzice ukrywali mnie w wannie, a sami zbiegali do piwnicy. Nie wiem, dlaczego akurat kładli mnie tam. Może sądzili, że nawet jak coś spadnie na wannę, to najwyżej ją tylko nakryje? Wydawało im się, że tak jest najbezpieczniej? Przy kolejnym nalocie chcieli zrobić tak samo, ale nasza suka, owczarek niemiecki, podobno dostała szału. Grigri była duża, więc chwyciła zębami becik ze mną w środku i próbowała wyciągnąć go z wanny. Rodzice za żadne skarby nie mogli jej uspokoić, więc w końcu dali za wygraną i pierwszy raz zeszli do piwnicy ze mną. A kiedy po nalocie wrócili do mieszkania, okazało się, że tej łazienki, w której miałam być ukryta, już nie ma. Nie trzymałabym się jednak kurczowo myśli, że właśnie dzięki tej historii kocham psy. W każdym razie na pewno gdyby Grigri nie uratowała mi wtedy życia, nie miałabym szansy tak ich pokochać. Natomiast właśnie dlatego, że tak kocham psy, rokrocznie jeden procent swojego podatku PIT przeznaczam właśnie na zwierzęta. Bo uważam, że niezależnie od tego, jaka partia aktualnie nami rządzi, to chorymi i starymi ludźmi lepiej lub gorzej zawsze zajmuje się państwo. Natomiast nasz kraj jeszcze długo nie będzie na tyle bogaty, żeby pomóc każdemu zwierzęciu. Dlatego powinni robić to ludzie i do tego wszystkich Państwa serdecznie namawiam. Nie tylko przy okazji wypełniania zeznania podatkowego.

Urlop, przejazdy, postoje

Od lat nie byłam na urlopie. Nie uznaję i nie lubię tego rodzaju spędzania czasu. Nie lubię wyjeżdżać. Podróżuję tylko wtedy, kiedy muszę. Nie rwę się do wyjazdu ze swojego Mokotowa nawet na Żoliborz, a co dopiero mówić o wyprawie na Mazury. Bogatynia i Bułgaria są dla mnie tak samo daleko. Nawet Kraków mi się nie podoba, bo jest stary i brudny. Lubię czystość i duże przestrzenie. Lubię również głośne miasta. Może dlatego, że zawsze mieszkałam w samym centrum Warszawy.

Najszczęśliwsze chwile w moim życiu, to te spędzone w mieszkaniu na czternastym piętrze z widokiem na Pałac Kultury i Nauki. Przyroda mi nie przeszkadza, ale żadna siła nie skłoni mnie do spędzenia wolnego czasu gdzieś na łonie przyrody. Zwłaszcza że na przykład lasu nie cierpię, bo nie dość, że tam wszystko się zapada, to jeszcze człowieka mogą obleźć robale. Spacer po lesie to ciągła walka o życie: tu człowieka gałąź trzepnie, tam mucha wleci w oko.

Beksiński powiedział kiedyś, że on kochałby las, gdyby te wszystkie drzewa były wykarczowane. Tak chyba ma też nowy minister ochrony środowiska. Inaczej pan Szyszko nie kazałby wycinać Puszczy Białowieskiej. Ja nie mam aż tak radykalnych poglądów. Wystarczy, że pójdzie tam ktoś za mnie z kamerą. Bo dla mnie przyroda jest cudowna, ale w telewizji.

Nie znoszę gór, więc w życiu nie wdrapałam się na żaden szczyt. Trochę przypadkiem znalazłam się na szczycie popularności. Ale jak już się na nim znalazłam, to nie ma okazji, żeby odpocząć, bo trzeba pracować. Ale o pracy opowiem przy innej okazji.

Żeby nikt mi nie zarzucał, że nie wiem, co tracę wraz z urlopami, to zapewniam, że w czasie pracy w redakcji „Szpilek" byłam raz wysłana do Bułgarii i raz do Rumunii. Poza tym miałam okazję zobaczyć Niemcy. Niestety, te drugiego sortu, czyli NRD.

Nasza gazeta prowadziła współpracę z pismami satyrycznymi z tamtych krajów. To wymyślił ówczesny redaktor naczelny Witold Filler, bo jego piękna młoda żona marzyła, żeby gdzieś wyjechać. Dlatego właśnie wpadł na pomysł swego rodzaju wymian dziennikarskich. Współpraca była po to, żebyśmy mogli pojechać do partnerskiego pisma na kilka dni, a potem ktoś przyjedzie do nas z rewizytą. Jedyną wadą tego rozwiązania było to, że takim gościem trzeba było się zajmować, kiedy przyjeżdżał do Polski. Mnie się trafił Bułgar. Był koszmarnie ciekawski. Wyciągał mnie na kolejne wycieczki i cały czas o coś pytał. Najgorszym koszmarem był spacer po Starym Mieście, nic o tych budynkach nie mogłam powiedzieć, a on bez przerwy chciał się czegoś dowiedzieć na temat mijanych miejsc. Historia nigdy nie była moją pasją, a z dat pamiętam: 966 – chrzest Polski, 1410 – bitwa pod Grunwaldem, z pozostałymi mam spory kłopot. Nawet nie pamiętam, kiedy dokładnie wyszłam za Karolaka (za Czubaszka zresztą też) albo kiedy moja siostra pojechała sobie wreszcie raz na zawsze do Australii.

W każdym razie Bułgar pytał bez przerwy. W końcu zaczęłam mu ordynarnie zmyślać i opowiadałam straszne głupoty, dopiero po pewnym czasie spostrzegłam, że notował każde moje słowo w kajeciku. I wtedy się przestraszyłam, że on te wszystkie bzdury może wydrukować po powrocie do kraju. Ale było mi już wszystko jedno. Opowiadałam dalej.

Fakt, że moje podejście do kwestii urlopów w PRL wielokrotnie wywoływało zdziwienie. Mało kto był w stanie pojąć, dlaczego mimo że mam męża muzyka, który zwiedził cały świat, nigdy nigdzie z nim nie pojechałam. Wówczas naprawdę większość obywateli marzyła o tym, żeby gdziekolwiek pojechać za granicę, zwłaszcza zachodnią. Pamiętam, jak w pewnym momencie moja szefowa w radiowej Trójce, notabene mocno partyjna, zapytała w swoim stylu:

– Zaczyna nas mocno dziwić, dlaczego pani nie chce wyjechać?

– Ale co w tym jest dziwnego? – żachnęłam się.

– Tyle czasu niemal w ogóle nie można było z Polski wyjechać, a teraz, kiedy o paszport łatwiej, pani, choć może podróżować, to nie chce tego zrobić. Dlaczego? – ciągnęła.

Postanowiłam, że powiem jej prawdę tak jak i teraz Wam wszystkim. Jest prozaiczna. Po prostu nie znam języków obcych. Owszem, przez rok byłam na anglistyce, ale wtedy nauka tego języka mnie nie interesowała, bo cały czas myślałam o dziennikarstwie. Potem pięć razy zaczynałam się uczyć angielskiego, ale po prostu nie mam zdolności. Teraz, gdy do męża przyjeżdżają znajomi z zagranicy, siadam sobie cicho w kącie. Nawet jak rozumiem, o czym mówią, to chcąc coś powiedzieć, muszę sobie ułożyć tekst w głowie, ale kiedy już to zrobię, oni w tym czasie pięć razy zmieniają temat.

Dlatego też nie jeżdżę za granicę. Nie jestem z tych, którzy będą oglądać zabytki. Nie muszę się szwendać, nie interesuje mnie chodzenie i oglądanie akweduktów czy faraonów oraz robienie im zdjęć. Mogę równie dobrze zobaczyć to w telewizji, siedząc wygodnie w fotelu i paląc spokojnie papierosa. W ten sposób nawet lepiej im się przyjrzę.

Tym co naprawdę interesowałoby mnie za granicą, są kontakty z innymi ludźmi. Ale nie znając języka, czuję się jak kaleka. Karolak przynajmniej jako tako angielski zna, dla mnie to byłby koszmar musieć non stop siedzieć cicho. A więc co ja miałabym robić na takim wyjeździe? Walizki za Karolakiem nosić? Dlatego nigdy mnie nie ciągnęło do wyjazdów zagranicznych.

Tak naprawdę jedynym miejscem, które chciałam zobaczyć, jest Galapagos. Przede wszystkim dlatego, że podoba mi się nazwa. Ale teraz już nie chcę. Wszystko przez Marcina Wolskiego. On tam kiedyś pojechał, więc kiedy tylko wrócił, pobiegłam zapytać o wrażenia.

– Marcin, jak jest na Galapagos? – zaczęłam niemal bez ogródek.

– Wiesz, co tam jest? Wielkie żółwie. Jeden, drugi, trzeci... Leżą na plaży... i się pierdolą. Poza tym nic. I to jest całe Galapagos – odpowiedział.

I odeszła mi ochota, bo jechać tam, żeby oglądać, jak żółwie ten tego? To mnie nie interesuje.

Dziś z Warszawy wyjeżdżam już niemal wyłącznie na spotkania autorskie. Tylko czytelnicy są w stanie sprawić, że wybiorę się poza miasto. Gdy mam kilka wolnych dni, co zdarza się raczej rzadko, to wolę posiedzieć w swoim mieszkaniu, przed telewizorem, albo pospacerować po Polu Mokotowskim.

Jest jeszcze jeden powód mojej niechęci do urlopów. Kiedy upadła redakcja „Szpilek", powiedziałam sobie, że nigdy więcej nie będę pracowała na etacie. Od lat jestem wolnym strzelcem żyjącym z umów o dzieło. Gdybym miała jechać na urlop, to musiałabym zrobić kilka audycji na zapas, a to oznaczałoby kilka nocy bez snu (sen próbowałam rzucać, tak samo jak jedzenie. I, niestety, równie nieskutecznie). Poza tym audycje, do których jestem zapraszana, są stale, więc zamiast mnie wezmą kogoś innego. I może przestaną mnie zapraszać w ogóle?

Ale jeśli rząd dalej będzie wprowadzał te, jak to oni nazywają, „dobre zmiany", to nie ruszając się z Warszawy, już wkrótce zobaczę, jak żyje się na Węgrzech. A za kilka miesięcy, kiedy popsują doszczętnie finanse publiczne, będę miała szansę poznać sytuację, jaka była w Grecji po wybuchu kryzysu.

Maria Czubaszek

„Biała dama na czarnym koniu"

Był lipiec. S i e r p n i o w e słońce chyliło się akurat ku w s c h o d o w i , kiedy usłyszałem dzwonek do drzwi. Po chwili do pokoju zajrzała Hortensja.

- Przyszli jacyś państwo. Z koniem. Ale czarnym.

Nie ukrywałem swego zaskoczenia. Z paru powodów. Po pierwsze nie spodziewałem się niczyjej wizyty, po drugie nikt z moich znajomych nie posiada czarnego konia, a po trzecie Hortensja, która mi zaanonsowała tę dziwną wizytę, od czterech lat, to jest dokładnie od swego urodzenia, jest psem. Rasy bokser. Nie wierząc więc jej oczom i własnym uszom, poszedłem osobiście do przedpokoju. W progu stała jakaś kobieta. Obok niej - mężczyzna. Za nimi - koń. Czarny.

- Byliśmy na dzisiaj umówieni na szachy... - powiedziała kobieta i przywiązując konia do wieszaka, skierowała swe kroki do pokoju, ciągnąc za rękę mężczyznę. Bez słowa wskazałem im fotele. Usiedli. Na podłodze.
- Szczerze mówiąc... - zacząłem - nie bardzo sobie przypominam, kiedy umawiali się państwo ze mną...
- Nie byliśmy umówieni z panem! - przerwał mężczyzna.
- Byliśmy umówieni z Romanem! - wyjaśniła kobieta. - Ale dowiedzieliśmy się, że on gra znaczonymi szachami! Rozumie pan?!?
- Nie. - zaprzeczyłem, zgodnie zresztą z prawdą.
- Roman szachuje - wyjaśnił mężczyzna.
- A ponieważ mieliśmy grać na pieniądze - nie pozwoliła mi dojść do słowa kobieta - zmieniliśmy zamiar. Zamiast z Romanem, zagramy z panem.
- Dlaczego akurat ze mną?
- Ponieważ jest pan jedyną osobą, którą, oprócz Romana, znamy w Warszawie - poinformował mężczyzna.

- Państwo mnie znają?! - zdziwiłem się po raz drugi.
- Oczywiście! Z telewizji! - potwierdziła kobieta, a widząc moją minę, upewniła się - Bo pan jest przecież Wicherkiem, nieprawdaż?
- Niestety - sprostowałem - ale to pomyłka. Zresztą... nie jestem nawet podobny do Wicherka!
- Zupełnie nie - zgodził się ze mną mężczyzna.
- Ale trudno od nas wymagać, żebyśmy szukali w tej sytuacji, kogoś podobnego do niego! - wpadła w słowo kobieta. - Dlatego przyszliśmy do pana. To co? - zmieniła temat - zagramy partyjkę?
- Skoro już państwo wpadli... - wiedziałem, że nie uda mi się wymigać...
- Ma pan szachy? - zapytał mężczyzna.
- Tak - powiedziałem i sięgnąłem do szafki...
- W takim razie zagramy naszymi! - powstrzymała mnie kobieta.
- Dlaczego?
- Bo pana może znaczone.- zauważył chłodno mężczyzna.
Poczułem się obrażony. - Kto znaczy szachy?!
- Roman.- przypomniała kobieta - przecież mówiliśmy.
- Ale szachy to nie karty! - zwróciłem im uwagę.
- Nie - przytaknęli.
- W takim razie gramy moimi, tak?
- Nie-zaprotestowali zgodnie. - Bo pana może znaczone.

Zrezygnowałem. Wyjęli z plecaka szachy i zaczęli rozstawiać na podłodze.
- Brakuje czarnego konia - zauważyłem.
- Kuba czeka w przedpokoju - poinformowała mnie kobieta. - Kiedy będzie jego pora, przyjdzie.
- Kuba?! - zdziwiłem się po raz trzeci.
- Tak. Czarny koń. - ukłonił się mężczyzna. - Nie zauważył pan,

że przyszliśmy z koniem?

- Zauważyłem, ale nie będziemy chyba grać z nim w szachy?!

- Będziemy - powiedziała spokojnie kobieta - Nie przypuszcza pan chyba, że królowa będzie biegać po szachownicy na piechotę!

- Bardzo przepraszam... - nie wytrzymałem - Czy państwo jesteście przy zdrowych zmysłach?

- Nie! - poinformowali mnie zgodnym chórem - Jesteśmy w trakcie leczenia. Mamy nawet specjalne papiery. Jeśli pan chce zobaczyć.

Nie chciałem. Straciłem nawet ochotę na tę partię szachów. Przeprosiłem ich i wyszli bez słowa. Tylko z koniem. Więcej nigdy ich nie widziałem. Może zresztą dlatego, że w ogóle nie wychodzę z domu? Hortensja, odkąd nauczyłem ją grać w szachy, przestała wyprowadzać mnie na spacery... Próbowałem ją parę razy namówić co wyjścia, ale udaje, że nie rozumie co do niej mówię... A kiedyś była takim mądrym psem...!

MEDIA

Prasa

Mój ukochany Woody Allen, choć uważa, że rzeczywistość jest przerażająca, zawsze zaczyna dzień od lektury „Timesa". Co go dodatkowo dołuje. Czyta, bo lubi utwierdzać się w przekonaniu, że ma rację w swojej ocenie rzeczywistości. Dla mnie rzeczywistość też jest przerażająca. Wystarczy przeczytać poranne gazety i obejrzeć jakikolwiek program informacyjny, żeby to zobaczyć. A ja oglądam niemal wszystkie. Choć nie tylko po to, żeby, jak Allen, utwierdzać się w przekonaniu, że wszystko jest do kitu. Cały czas czekam z nadzieją na to, że pojawi się jakaś fajna wiadomość.

Ale prasę czytam także z ciekawości, zwłaszcza te biuletyny partyjne, takie jak „Do Rzeczy" i „wSieci". Pierwsze numery „Do Rzeczy" kupiłam z ciekawości, bo lubię wiedzieć, jak myślą inni i jacy ludzie tam pracują. Teraz kupuję co jakiś czas, żeby wiedzieć, co pisze mój kolega z radia Marcin Wolski. Choć nie czytam jego tekstów z przyjemnością. Każdy może mieć swoje poglądy. Rozumiem, że politycy są zaangażowani, natomiast artyści nie powinni dawać się wciągać w takie rzeczy. Od komentowania rzeczywistości jest ewentualnie satyra polityczna, ale to zupełnie co innego niż to, co robi teraz Marcin. On jest bardzo zdolnym autorem, a marnuje swój talent na to, żeby zostać politykiem. Bo wchodzi już w tę rolę. Niestety. Jednak z rozbawieniem, bo to, co wypisuje, nawet mnie nie wkurza, czytam niektóre jego teksty.

Powiem szczerze, że lubię wydawać pieniądze na gazety. Wiem, że niby wszystko dziś można przeczytać w komputerze, ale jestem tradycjonalistką, więc jak chodzę do kiosku, a chodzę tam często, bo kiedy się pali tyle co ja, to trzeba bez przerwy kupować papierosy, to przy okazji sięgam też po gazety. Jestem stara baba, bo młodzi szukają w internecie; po prostu lubię papier. Są takie tytuły, które kupuję stale, jak na przykład „Polityka" czy „Newsweek". Jednak nawet gdy nie lubię jakiegoś czasopisma, to i tak kupuję ten tytuł co jakiś czas, kiedy tam pisze ktoś znajomy. Lubię wiedzieć, co napisze. I czasem to, co przeczytam, mnie bawi, a czasem zaskakuje. Po niektórych można się spodziewać, jakie mają poglądy, ale są tacy, którzy mnie zaskakują, bo w życiu nie pomyślałabym, że na przykład popierają tę rzekomo „dobrą zmianę".

Telewizor

Do kina, które kiedyś bardzo lubiłam, dziś już praktycznie nie chodzę, bo oglądanie filmów bez papierosa po prostu nie ma sensu. Seans powinien być przyjemnością, a nie ciągnącą się w nieskończoność męką w oczekiwaniu na to, kiedy wreszcie będą mogła spokojnie zapalić. Dlatego filmy oglądam praktycznie już tylko w domu. Nawet mojego Woody'ego Allena wolę z DVD niż na dużym ekranie. I jestem niemal całkowicie uzależniona od telewizji.

Telewizor w moim mieszkaniu jest włączony praktycznie non stop. Najczęściej jest ustawiony na TVN24, bo wolę ten kanał niż programy rozrywkowe. Nasza polityka potrafi być, niestety, śmieszna.

Czasem próbuję oglądać inne programy, zwłaszcza te adresowane do masowej widowni. I wtedy najczęściej ogarnia mnie przerażenie. Tak jak na przykład przy szeroko reklamowanym swego czasu „hicie" pod tytułem „Rolnik szuka żony". To prawdziwy koszmar. Wulgarne swatanie, zero flirtu. Kandydatki na żony niczym suczki w rui niemal skakały na swoich oblubieńców. Po prostu targ kobiet, a nie program w telewizji z misją. Żenująca walka kilku kobiet o jednego mężczyznę.

Bardziej zadziwiła i zniesmaczyła mnie tylko „Perfekcyjna pani domu". To był rzeczywiście ogłupiający program. Patrzyłam i nie wierzyłam własnym oczom, widząc na ekranie kobiety, które autentycznie drżały przed „testem białej rękawiczki", tak jakby chodziło o sprawę życia i śmierci. Zawsze wydawało mi się, że dla każdej kobiety dzień ślubu jest najszczęśliwszym dniem w życiu! Ale gdy zobaczyłam reakcję uczestniczek programu „Perfekcyjna pani domu”, to się okazało, że byłam w błędzie. Najszczęśliwszym dniem w życiu współczesnej kobiety (żeby nie powiedzieć – ukoronowaniem życia), jest otrzymanie z rąk (w białych rękawiczkach) Małgorzaty Rozenek korony Perfekcyjnej Pani Domu.

Kocham Karolaka, ale nie uważam, że jeśli niezbyt dokładnie umyłam wannę, to rozleci się nasz związek. Gdyby miał się rozlecieć, to sądzę, że stałoby się to nawet, gdybym dosłownie tę wannę wylizała. W życiu do wszystkiego trzeba zachować dystans. Nie rozumiem, dlaczego ludzie dają się aż tak ogłupiać.

Telewizja mnie przeraża, ale jednocześnie wciąga. A Karolak czasem narzeka. Bo ja siedzę i oglądam, a jemu cały czas do głowy sączy się ten chłam. Podobno nawet już mu to muzykę obrzydziło. Bo, jak mówi, ciągle z telewizora słyszy: „bum, cyk, bum, cyk, bum, cyk, bum, cyk”.

Rozrywka w mediach

Jestem lekko przerażona serwowanymi w mediach programami rozrywkowymi. To jest najprostsza rozrywka! I tu pewnie wszystkich zaskoczę. Brak cenzury ją zabił, bo doprowadził do uproszczenia, żeby nie powiedzieć prostactwa tekstu.

Od kiedy urząd przy ulicy Mysiej został oficjalnie zlikwidowany, dla satyryków nastały niby fajniejsze czasy, ponieważ można wszystko pisać. Na pewno z jednej strony jest fajniej, natomiast z drugiej odbija się niekorzystnie na tekstach i programach. Kiedy autorzy starali się przechytrzyć cenzurę, to ich teksty były bardziej dopracowywane, aluzje były naprawdę wyszukane. Z kolei publiczność, przychodząc na program, czekała na wszystkie smaczki i dwuznaczności i uważnie słuchała. Jak to mówię „łapała kontakt z rozumem" A teraz? Wszystko zrobiło się bardzo proste, bo w zasadzie można mówić wszystko. Czymś zupełnie normalnym jest rzucanie wulgaryzmami z estrady i nikogo to już nie dziwi. Poza tym wystarczy obejrzeć program, w którym nasi politycy rozmawiają – to już jest śmiesznie, a czasem strasznie.

Gorzej, że rozrywka tak się sprymitywizowała, że jak ostatnio była w telewizji powtórka Kabaretu Starszych Panów, to młodzi ludzie w ogóle nie oglądali tego. Ze spotkania wiem, że część z nich w ogóle nie wie, że coś takiego było! Te wysmakowane piosenki, te teksty, one są po prostu dla nich za trudne! Bo to nie jest żart, gdzie człowiek się może potarzać ze śmiechu, powalić po udach. A w tej chwili taki dowcip króluje. Niestety, dziś dla młodych ludzi wielkie aktorki i wielcy aktorzy to te wszystkie Cichopki, Mroczki i tak dalej. Ja ich nazywam tak zwanymi aktorami. Młodzi nie mają żadnej skali porównawczej. W tych wszystkich popularnych serialach nie występował, póki żył, Zbigniew Zapasiewicz. Ochoty, żeby w nich grać, nie ma też Piotrek Fronczewski. Tylko Janusz Gajos czasem się daje namówić, ale rzadko i na ogół w takim serialu, który nie będzie oglądany, bo jest za mądry dla widzów.

Kino

Teraz nie chodzimy z Karolakiem do kina. Sama zresztą też nie chodzę, bo tak długo jak trwa film, nie da się wysiedzieć bez papierosa.

Ale jeszcze nawet gdy chodziłam do kina, to jeden rodzaj emocji był mi obcy. Nigdy się nie wzruszałam na filmach. No, chyba że chodziło o takie filmy jak *Zakochany kundel*, gdzie piesek i suczka jedzą makaron. To chyba najpiękniejsza scena miłosna, jaką w życiu widziałam!

Mam kilka filmów, które lubię. *Cena strachu* na przykład. A *Pół żartem, pół serio* chyba ze trzy razy oglądałam. Na *Wejściu smoka* też byłam w kinie trzy razy. I jeszcze *Dzikość serca* Davida Lyncha, to był naprawdę genialny film. I jeszcze *Mechaniczna pomarańcza*. Może właśnie lubię te filmy dlatego, że ich autorzy nie próbują wzruszyć widzów?

Woody'ego Allena nie wymieniam, bo to jasne, że wszystkie jego filmy były i są wspaniałe.

ŚWIĘTA WSZELAKIE

Boże Narodzenie

Świąt od lat nie obchodzę z premedytacją. Od kiedy nie żyją babcia i ciocie, a przede wszystkim moja mama, nie celebrujemy z mężem świąt. Dla mnie to po prostu zwykłe wolne dni. Spędzam je z Karolakiem i naszym psem. Żadne z naszej trójki nie przywiązuje jakiejś specjalnej wagi do Wigilii. Jeśli w ogóle o niej pamiętamy. Bo kiedyś zdarzyło mi się zapomnieć, że jest Wigilia, tak byłam zajęta tego dnia pracą.

Zresztą, nawet jeśli pamiętamy, to i tak niewiele to zmienia. Zamiast choinki w kącie mieszkania od lat stoi sobie takie zasuszone coś. Prawdziwe drzewko ostatni raz pojawiło się w domu prawie dwadzieścia lat temu. Jednak pies machnął mocniej ogonem, wszystko poleciało na podłogę i od tego czasu nie kupuję choinki. Teraz nie ma już psa, ale choinki z przyzwyczajenia nie kupuję.

Żadnej specjalnej kolacji również nie ma. Jeśli ktoś akurat jest głodny, to w lodówce zawsze są parówki i coś tam jeszcze do nich. Wieczór spędzamy z Karolakiem jak zwykle... przed telewizorem. Kolęd natomiast nie śpiewamy, bo nie mamy zwyczaju. Ot, wieczór jak co dzień.

Kiedyś przed świętami Bożego Narodzenia wspólnie z panią Magdaleną Gessler w „Kropce nad i" opowiadałyśmy o naszych przygotowaniach do wigilii. Kiedy ta sławna restauratorka usłyszała, jak wygląda moja kolacja wigilijna, to zrobiła oczy w pięć złotych. A dla mnie te święta nigdy nie miały większego znaczenia. Kiedy jeszcze żyła moja mama, próbowałam jakoś, skromnie, bo skromnie, organizować wigilię. Robiłam to tylko ze względu na nią, bo jej zależało. Ale nawet wtedy na stole najwyżej pojawiał się barszcz z kartonu i filet z rozmrożonej ryby. Na szczęście mama nie przejmowała się tym, że nie ma takich świąt, jakie bywały u niej w domu.

Gdybym miała wskazać Boże Narodzenie, które najbardziej mi utkwiło w pamięci, wybrałabym to, które spędziłam w szpitalu jako nastoletnia dziewczyna. Dlaczego tak je zapamiętałam? Byłam sama w niemal pustym budynku i muszę uczciwie powiedzieć, że to były najlepsze święta w moim życiu. Udało mi się uniknąć siedzenia przy stole i pytań w stylu: „kim zamierzam być jak już dorosnę?". Regularnie słyszałam je od wszystkich cioć i wujków. A tam w szpitalu miałam święty spokój. Chyba nigdy nie lubiłam rodzinnych spędów, zawsze uważałam, że jest w nich coś sztucznego. Gdyby ci wszyscy ludzie naprawdę odczuwali potrzebę, żeby się spotkać, nie musieliby czekać na to przecież cały rok, aby zjawić się w domu akurat w Wigilię Bożego Narodzenia. A jeszcze ta cała celebra z przygotowaniami, te dwanaście dań na stole. Koszmar! Jeden z moich znajomych twierdzi, że Boże Narodzenie to święta rodzinne i dlatego przy świątecznych stołach tak dużo się pije. Bo na trzeźwo trudno byłoby przeżyć taki „spęd". Hipoteza, przyznaję, kontrowersyjna. Ale wódeczka nie pasuje mi do tego dnia, więc wolę nie próbować się spotykać z rodziną.

Zresztą tych świąt nigdy nie lubiłam. A właściwie przestałam je lubić, gdy byłam małą dziewczynką. Najpierw, jak chyba większość dzieci, wierzyłam, że w noc wigilijną zwierzęta mówią ludzkim głosem. I przeżyłam straszne rozczarowanie, kiedy wytrzymałam do północy i, niestety, nic nie usłyszałam od naszego psa. Gdy wydoroślałam, zaczęłam podejrzewać, że zwierzęta nie mówią, bo nie chcą nam psuć radosnego, świątecznego nastroju. Co mógłby powiedzieć na przykład taki karp?

Potem było jeszcze gorzej, bo od zawsze chciałam mieć swoje własne zwierzątko, najlepiej pieska. Mówiłam zresztą o tym rodzicom, kiedy pytali, co chcę dostać od Świętego Mikołaja. I kiedyś na kilka dni przed Wigilią pojawił się w wannie karp, więc od razu byłam pewna, że to prezent dla mnie, a pod choinką znajdę jeszcze akwarium. A potem przeżyłam traumę, kiedy dowiedziałam się, że rybka, którą już tak polubiłam, leży przede mną na talerzu. Może dlatego dziś nie tylko nie jem ryb, ale także nie obchodzę świąt? Zresztą, nie lubię nawet atmosfery przedświątecznej, zwłaszcza tej, którą fundują nam supermarkety i centra handlowe już od drugiego listopada. Przed każdymi świętami Bożego Narodzenia nachodzi mnie jedna refleksja: zastanawiam się, ile drzewek zostanie wyciętych w naszych lasach, ile karpi zostanie zatłuczonych młotkiem w naszych domach, a ile udusi się w naszych sklepach, w pojemnikach bez wody lub niesionych w plastikowych torbach, ilu z nas przy świątecznym stole się przeje, przepije lub choćby pokłóci.

Karp

K. – kobieta, M. – mężczyzna

K.: – Bardzo przepraszam... co to jest?!?
M.: – Drzewko. Nie widać?
K.: – Nie pytam o to, tylko o to, co trzyma pan na smyczy!
M.: – Aaa, to! Bo zrozumiałem, że pyta pani o drzewko!
K.: – Nie!
M.: – No właśnie! Bo nawet się zdziwiłem, kiedy zrozumiałem, że pyta pani o drzewko! Przecież widać, że to drzewko!
K.: – Oczywiście! Ale pytam o to na smyczy!
M.: – To Janek. A to drzewko, skoro już się o tym zgadało; jest mieszane.
K.: – Tak... a ten Janek... to ryba?!?
M.: – Najogólniej mówiąc – tak. A konkretnie – karp. Wodny. No więc, wracając do drzewka... jest to krzyżówka. Skrzyżowanie stuletniego dębu ze świętokrzyską. Jodełką zresztą.
K.: – Ciekawe... Ale pierwsze widzę, żeby ktoś karpia prowadził na smyczy!
M.: – A mieszane drzewko widziała pani?! Nie lubię się chwalić, ale to mój pomysł! No, pracowałem nad tym cztery lata, ale udało się!
K.: – Gratuluję... To pan nazwał tego karpia – Janek?
M.: – Ja. Osobiście. Ale jak inaczej można nazwać karpia? Tylko Janek!
K.: – Pierwsze słyszę...
M.: – A słyszała pani, żeby ktoś nazwał karpia – Michał? Albo Ziutek? Bo ja osobiście nie słyszałem.

K.: – Ja też... ale żeby ktoś nazwał karpia – Janek – też nie słyszałam... A w ogóle... to on jest jakiś dziwny...
M.: – Bo to jest karpusek. To znaczy – garbusek.
K.: – Karp garbusek?!?
M.: – Niestety! Tak się biduli porobiło! Dlatego żal mi się go zrobiło i zamiast na Wigilię, wziąłem go na smycz. Niech sobie pożyje! Tyle jego! Wie pani... tak sobie kombinuję... dla mnie – jeden karp więcej, jeden mniej, to żadna różnica! A dla niego?! Karp też ma tylko jedno życie, niestety! A zawsze lepiej żyć na smyczy niż nie żyć w galarecie!
K.: – Tak... na pewno... Ale mimo wszystko... żeby prowadzić karpia na smyczy jak psa...
M.: – Takie już jego karpate szczęście! Czy to jego wina, że jest karpiem, a nie psem?! Może nawet rodzice mówili mu: Janek! Nie karp się! Ale czy taki szczeniak posłucha?!
K.: – To małe ryby też są szczeniakami?!
M.: – No, prędzej mały karp jest szczeniakiem, niż mały pies jest karpiem!
K.: – Też racja...
M.: – No więc rodzice mówili pewnie szczeniakowi, żeby się nie karpił...
K.: – Przecież ryby nie mówią!
M.: – A skąd wiadomo, kim byli jego rodzice?!? Ja tam jego metryki nie widziałem!
K.: – Ale skoro jest karpiem...
M.: – Nigdy nie wiadomo, kto się w życiu skarpi! Człowiek może się ześwinić, to skąd wiadomo, czy taki dorsz na przykład nie może się skarpić?!
K.: – Możliwe... ale to chyba nie to samo...
M.: – Na pewno nie!

K.: – No właśnie!
M.: – Ale do czego pani zmierza?
K.: – Do tego...
M.: – Tak...
K.: – Do tego... że... niech pan sobie mówi, co chce, ale nikt nie chodzi z karpiem na smyczy!!
M.: – Jak to – nikt?! A ja?
K.: – Nikt oprócz pana!
M.: – A co mnie obchodzi, co robią, a właściwie – czego n i e robią, inni?! To ich prywatna, osobista sprawa! *(do karpia)* Janek! Wracamy do domu!
K.: – Nie chciałam pana urazić...
M.: – Ale dała pani do zrozumienia, że uważa mnie pani za nienormalnego!
K.: – Ależ skąd!!!
M.: – Proszę pani!!! Jestem może wariatem, ale na pewno nie jestem nienormalny! Janek! Idziemy do domu!!!
K.: – Kiedy naprawdę niepotrzebnie pan się obraża...
M.: – Od dziecka jestem obrażalski. I dlatego wybaczy pani...
K.: – Naprawdę nie chciałam pana obrazić! Skąd to panu przyszło do głowy?!?
M.: – Stąd, że cały czas imputuje mi pani, że normalny człowiek prowadzi na smyczy psa! A nie karpia! Janek! Do domu!
K.: – Pan mnie nie zrozumiał!
M.: – Proszę pani! Jestem może wariatem, ale na pewno nie jestem nienormalny! I zawsze wyczuję, kiedy n o r m a l n i e robi się ze mnie idiotę! Janek!!!
K.: *(zaczyna cicho chichotać)* – Przepraszam... ale niech pan spojrzy na tę panią. Widzi pan?!?
M.: – Co takiego?

K.: – Prowadzi na smyczy psa jak karpia!!! Nienormalna czy co?
M.: – Chyba tak... (*zaczynają chichotać, a następnie, jak to zwykle w takich sytuacjach bywa, śpiewają*)

(*piosenka po skeczu* Karp *na melodię* Jingle bells)

Żył raz sobie leszcz
Miał leszczynę swą
Ale nie chciał mieć
Małych leszczy z nią!
Pracą tylko żył
Ona także i
Robili tak
Robili tak
Że aż im wyrósł karp!

A...
Taki karp
To jest skarb, to prawdziwy skarb!
A więc karp
Się karpiu, karp!
Byś mógł być à la carte!
Ucz się, ucz!
Pracuj! A
Karp wyrośnie ci!
Taki karp
Jest tynfa wart
I w życiu i w menu!!!

Wielkanoc

Wielkanoc kojarzy mi się wyłącznie z tym, że ludzie chodzą z koszyczkami do kościoła i tam święcą różne rzeczy. U nas w domu chodziła najczęściej babcia. Jako dziecko czekałam raczej na święta Bożego Narodzenia, bo wtedy dostawało się prezenty. Z Wielkanocą nie wiązały się takie emocje, bo u nas nie ma takiej tradycji, jak na przykład we Francji. Tam podobno zając przynosi dzieciom jakieś podarki. A więc, jakby powiedział to Jan Tadeusz Stanisławski, dla mnie istniała wyraźna wyższość świąt Bożego Narodzenia nad świętami Wielkiej Nocy.

Dziś dla mnie Wielkanoc to tylko kilka wolnych dni, kiedy nie ma telefonów od dziennikarzy. Jestem, wbrew pozorom, bo wszyscy myślą, że jak stara baba, to siedzi i ogląda seriale telewizyjne, zajętą osobą. Święta traktuję jako czas, kiedy można odpocząć. Chyba nie tylko ja. Od ludzi, z którymi się spotykam, słyszę, że w te święta wyjeżdżają z miasta, żeby się zrelaksować... najlepiej daleko od rodziny.

Dziady kontra Halloween

Gdy bywam 1 listopada na cmentarzu Bródnowskim oraz Północnym, staram się obserwować innych odwiedzających groby.

Dzięki temu w końcu udało mi się zrozumieć, dlaczego niektórzy Polacy są przeciw Halloween.

Wcale nie chodzi o to, że te wszystkie dynie i maski są sprzeczne z naszą tradycją. I z tym, że 1 listopada to dzień refleksji, a my, Polacy, wspominamy zmarłych z powagą i zadumą. To jedno z większych kłamstw, jakie można wymyślić na nasz temat. Na Bródnie na własne uszy słyszałam, jak jakaś rodzina nad pobliskim grobem dyskutowała o tym „Czy świętej pamięci wujek Bronek (któremu akurat zapalali świeczkę) przepuszczał całą emeryturę w Totka czy na automatach?". Niedaleko dwie panie, układając kwiaty na innym grobie, dyskutowały o tym, jak przystojny jest prezes Kaczyński. Serio.

A więc nie wszyscy wspominają zmarłych z powagą i zadumą. I podejrzewam, że właśnie oni najgłośniej protestują przeciw Halloween. Bo trudno dyskutować z osobą mającą dynię na głowie. Nie mówiąc już o tych pałaszujących pod cmentarną bramą kiełbaski z grilla czy watę cukrową albo pieczone kasztany.

A prywatnie, choć lubię naszą tradycję i zawsze chodzę zapalić lampki oraz położyć kwiaty na grobach najbliższych, nie mam nic przeciwko Halloween. Jak pisał Stanisław Jerzy Lec, życia „nie należy traktować zbyt poważnie, bo wiadomo, jak się skończy". A skoro każdy, kto przychodzi na ten świat, musi prędzej czy później z niego odejść, to zgadzam się z epikurejczykami, że śmierci nie ma co się bać, bo żywych nie dotyczy, a umarłym już nie przeszkadza. Uważam, że Halloween nie przeszkadza wcale czczeniu Wszystkich Świętych. Tym, którzy już odeszli, nie wadzi na pewno. A tym, których dopiero to czeka, może pomóc myśleć mniej dramatycznie o nieuniknionym.

Walentynki

Lubię Dzień Zakochanych. A jeszcze bardziej lubię samych zakochanych. Może dlatego, że dzień, nawet walentynki, trwa tylko od rana do nocy, natomiast zakochani trwają w tym cudownym stanie czasem dłużej. Czasem zakochanie naprawdę trzyma dłużej niż dwadzieścia cztery godziny. Chociaż nie w moim przypadku, ja odzyskiwałam kontakt z rozumem zdecydowanie zbyt szybko.

Nobla temu, kto wyjaśni, od czego zależy trwałość związku. Bo przecież się zdarza, że tak jak czasem trafia ludzi przysłowiowy piorun sycylijski, tak również piorunem to uczucie mija. Istnieje nawet teoria, że im szybciej ktoś się zakochuje, tym szybciej odkochuje. Ale z drugiej strony lepiej się spieszyć kochać innych, bo im wolniej to robimy, tym częściej się jedna strona w ogóle wycofuje. Bo partner lub partnerka zdąży zakochać się w kimś innym.

Jedyna metoda na szczęśliwy związek, to próbować. Do skutku! Cóż, jesteśmy tylko ludźmi i czasem możemy się pomylić. Niestety, nie co dzień trafia się szóstkę. Ale można trafić! I w totka, i w miłości. Dlatego twierdzę, że zakochanie może trwać dłużej niż walentynki. I tego wszystkim Czytelnikom życzę.

POLITYKA I ŻYCIE

Polityka

Nigdy do niczego nie należałam. Ani do partii, co było bardzo trudne w dawnych czasach, zwłaszcza gdy pracowało się w radiu. Ani potem do Solidarności, którą popierałam. Nawet w żadnych demonstracjach nie biorę udziału. Po prostu lubię odpowiadać sama za siebie, poza tym mam ogromne poczucie lojalności. I gdybym się gdzieś zapisała, to musiałabym iść na pewne ustępstwa, których moja grupa ode mnie by oczekiwała. Dlatego też nie podpisuję żadnych listów czy apeli, no chyba że w sprawie zwierząt.

Choć czasem wbrew mojej woli polityka mieszała mi się w życie. I to bardzo mocno. W liceum w naszej klasie był pewien Krzysiek, chłopak, którego nikt nie lubił, ale za to on bardzo chciał się z nami zaprzyjaźnić. Niestety, nawet mimo kolejnych negatywnych sygnałów, on dalej próbował. W końcu przyszedł nieproszony na jakieś spotkanie klasowe, gdy akurat otwieraliśmy już kolejne wino... Wtedy jeden z naszych coś mu powiedział, drugi coś dopowiedział, a trzeci splunął. Gdyby to był zwyczajny Kowalski, ten wygłup nie miałby praktycznie żadnych konsekwencji. Niestety, ten chłopak był synem swojego ojca, poważnego partyjnego notabla. Kiedy poskarżył się na to, co zrobiliśmy, dyrekcja mocno przyłożyła się do ukarania winnych. Po przesłuchaniu dostaliśmy propozycje: Albo dobrowolnie odejdziemy do innego liceum, albo z opiniami, które nam zostaną wystawione, nie dostaniemy się na żadne studia. To było w połowie czwartej klasy, a więc na pół roku przed maturą – wolałam się przenieść do żeńskiego liceum imienia Narcyzy Żmichowskiej, niż nie dostać się na wymarzone dziennikarstwo. Potem zresztą się okazało, że na dziennikarstwo nie mam szans i tak, bo... nie należałam do organizacji młodzieżowej.

Gdy pracowałam w radiu, nasza redakcja była wyjątkowa, bo praktycznie bezpartyjna. Tylko Marcin Wolski zapisał się do PZPR. Ja długo nawet takiej propozycji nie dostałam, bo pewnie nikt nie traktował mnie poważnie, więc nie zależało im, żebym się zapisała. Z wyraźną sugestią spotkałam się tylko raz. Ale to w ogóle była dość dziwna sytuacja. Zaczęło się od tego, że zgubiłam dowód osobisty. Zgłosiłam ten fakt we wszystkich odpowiednich instytucjach i wyrobiłam nowy. Niedługo potem jechaliśmy z redakcją do Poznania i pakując się, musiałam przesunąć tapczan, żeby coś tam znaleźć. I się okazało, że tam leży też ten stary „zgubiony" dowód. Kiedy meldowaliśmy się w hotelu, powiedziałam koledze, że mam dwa dowody osobiste. Ktoś z recepcji musiał to usłyszeć, bo tuż po powrocie do Warszawy zostałam wezwana na Komendę Stołeczną Milicji Obywatelskiej. I tam jakiś smutny pan zapytał, czy to prawda, że mam dwa dowody osobiste. Chcąc go rozbawić, odpowiedziałam, że tak, i pokazałam oba. Niestety, zamiast się uśmiechnąć zmarszczył brew i zapytał, skąd i dlaczego mam aż tyle dokumentów tożsamości. A kiedy już dokładnie mnie przemaglował, to zapytał, czy należę do partii. Kiedy usłyszał, że nie, to od razu zaproponował, że może warto się zapisać. Jednak nie zachęcił mnie skutecznie. Zresztą mnie po prostu nigdy nie kusiło. Choć pewnie byłoby łatwiej. Na szczęście polityka mnie nie interesowała. Ja jej także. Bo kiedy była cenzura, pisałam teksty abstrakcyjne, niezwiązane z polityką.

Nie chciałam walczyć z systemem. Po prostu wówczas otaczająca mnie rzeczywistość była dość szara, ale naturalna. Byłam w jakiś sposób pogodzona z tą szarzyzną. Pewnie dlatego nie miałam poczucia, że muszę iść i protestować

W 1980 roku oczywiście sympatyzowałam z Solidarnością, ale nie przyszło mi do głowy, żeby się do niej zapisać, mimo że działał w niej Janek Stanisławski czy Janek Pietrzak. I nie chodziło o to, że się bałam, bo od działania się życia nie traciło. Zwłaszcza że do Solidarności zapisało się wielu ówczesnych działaczy partyjnych. Mnie po prostu nigdy nie ciągnęło do tłumów. Chodziło także o odpowiedzialność, bo gdy czasem coś chlapnę, a się zdarza, to za swoje słowa będę odpowiadała tylko ja, a nie partia czy ugrupowanie. A poza tym bardzo cenię sobie wolność osobistą. I dlatego na przykład, mimo że popieram feministki, nigdy w życiu nie poszłam i pewnie już nie pójdę na Manifę ósmego marca.

Ktoś mi kiedyś opowiadał o fenomenie koszmaru wolności, bo wolność to tak naprawdę wcale nie jest taka prosta sprawa. I mam wrażenie, że my wciąż musimy się wolności i demokracji nauczyć. Dostaliśmy ją znienacka i chyba nie byliśmy do niej przygotowani. Widać to zresztą po ostatnich wyborach, kiedy oddaliśmy całkowicie władzę partii, która zabiera nam wolność pełnymi garściami. A my nawet jakoś specjalnie przeciwko temu nie protestujemy.

Gender i politycy

Zupełnie nie rozumiem tego ciągłego podniecania się polskiej prawicy sprawą gender. Mam wrażenie, że oni się oburzają, ale sami nie wiedzą z jakiego powodu. Świetnym przykładem jest pani minister Kempa z kancelarii premier Szydło (jedna jest warta drugiej), która jest święcie przekonania, że ten straszny gender to przebieranie chłopca za dziewczynkę i dziewczynki za chłopca. Pomieszanie z poplątaniem.

Jedyne wyjaśnienie tych wszystkich głupot jest takie, że wygadują je osoby niedouczone. Oczywiście, jest również wielu facetów kretynów, także w sejmie. Jednak to kobiety bardziej zawzięcie bronią swoich przekonań, są bardziej niebezpieczne. Mówi się, że kobiety jak muzyka, łagodzą obyczaje, ale ja uważam, że jedne łagodzą, a drugie wprost przeciwnie.

Kara śmierci

Skoro ludzie są z gruntu źli, a tak, niestety, uważam na podstawie swoich doświadczeń, to jestem za karą śmierci. Bo nie wierzę, że ludzie się zmieniają, zwłaszcza na lepsze. I chyba to jedyna kwestia, jaka kiedykolwiek łączyła mnie z PiS. Choć oni chyba akurat już odeszli od tego postulatu, natomiast ja pozostaję sobie wierna, zresztą nie tylko w tej sprawie.

Oczywiście, kara śmierci byłaby możliwa pod jednym warunkiem: wina skazanego musi być ewidentna. Tak jak na przykład tego mordercy z Norwegii, Andersa Breivika, który zastrzelił z zimną krwią ponad siedemdziesiąt osób. Zwłaszcza że dzisiaj więźniowie żyją często w lepszych warunkach niż rodziny wielodzietne. Nawet regularnie procesują się z państwem dlatego, że mają za małą celę. Nie wiem, czy państwo stać na dożywotnie trzymanie w więzieniu człowieka, bo ten w przypadku możliwości wyjścia znowu zrobi coś złego.

Nie wierzę również w miłość bezwarunkową. Dlatego rozumiem ojca Andersa Breivika, który powiedział w jakimś wywiadzie, że lepiej byłoby, gdyby jego syn popełnił samobójstwo, zanim pozabijał tych ludzi. Nie mam dziecka, ale gdybym miała i gdybym wiedziała, że będzie bandytą, to też wolałabym, żeby popełniło samobójstwo, niż skrzywdziło dziesiątki niewinnych ludzi.

NARODOWA KATASTROFA

Smoleńsk

Katastrofa prezydenckiego samolotu w Smoleńsku była olbrzymią tragedią, ale jednocześnie tylko zwyczajnym wypadkiem. Bo przecież katastrofy lotnicze zdarzają się na całym świecie. Nawet mój kolega z Programu Trzeciego Marcin Wolski, choć pewnie już z wiadomych powodów zmienił zdanie w tej kwestii, to kiedyś powtarzał, że to jest niemożliwe, żeby samolot latał i nie spadał. On potwornie bał się podróży lotniczych.

Takie katastrofy jak ta z dziesiątego kwietnia 2010 roku się zdarzają. Wiele się złożyło na ten wypadek. I nie uwierzę, że to mogło być coś więcej niż tylko wypadek. Była przecież komisja, która to dokładnie zbadała. Jej ustalenia były przerażające. W pułku, który woził naszych polityków, panował koszmarny bałagan. Zresztą, przed samym lotem do Smoleńska bałagan był podobno jeszcze większy, w tym także z winy świętej pamięci pana prezydenta, a właściwie jego współpracowników.

A teraz będzie jeszcze gorzej, zaczną się „tańce na trumnach" tych, którzy tam zginęli. Jeszcze przed wyborami powtarzałam, że jak PiS wygra, od razu będzie „grzebanie w Smoleńsku", każda grudka ziemi będzie znowu przerzucana. Antoni Macierewicz z tym swoim błyskiem szaleństwa w oczach organizuje nową komisję. Pewnie nic nie znajdą, bo sprawa jest wyjaśniona. Ale pewnie spróbują obrzucić błotem i podejrzeniami, kogo się tylko da.

Najsmutniejsze jest to, że ta tragedia miała nas zjednoczyć, a tymczasem jesteśmy coraz bardziej skłóceni. To, co się teraz dzieje, jest dla narodu równie złe jak sam wypadek w 2010 roku. A że historia lubi się powtarzać, proponuję małe przypomnienie moich notatek z tamtych czasów. Łatwiej będzie zrozumieć, co się za chwilę wydarzy w naszej polityce.

Tak samo

wtorek, 13 kwietnia 2010, 9:21

Myślę, że nawet największy malkontent zgadza się z Wisławą Szymborską, że „czasem życie bywa znośne". Choć czasem wprost przeciwnie. Natomiast zawsze nieznośna jest śmierć.

Dlatego na to, co stało się w sobotę, ludzie reagują różnie. Jedni nie mogą uwierzyć, inni pytają: dlaczego? Jeszcze inni próbują znaleźć w tym jakiś sens.

Mnie osobiście najmniej zrozumiałe wydaje się to trzecie. Bo jaki sens może mieć śmierć dziewięćdziesięciu sześciu osób? Kiedy słyszę, że może to coś da, że politycy i my wszyscy staniemy się lepsi...

Przepraszam, ale nie wierzę. Tak jak nie zmieniła nas (w każdym razie na dłuższą metę) śmierć Jana Pawła II, tak samo nie zmieni, niestety, i ta.

Znicze zgasną, kwiaty zwiędną, łzy obeschną. Takie jest życie. I tacy my jesteśmy.

Póki, odwrotnie niż w przysiędze małżeńskiej, znowu śmierć nas nie połączy. Tak samo tragiczna i bezsensowna, jak ta pod Smoleńskiem.

Już mi przeszło

środa, 14 kwietnia 2010, 10:24

Wczoraj pisałam, że nie wierzę, że po tragedii pod Smoleńskiem, kiedy skończy się żałoba, złagodnieją obyczaje w polityce, złagodnieją ludzie.

Podejrzewałam, że kiedy zgasną znicze, zwiędną kwiaty i obeschną łzy, będzie tak samo jak dawniej. Myliłam się. Znicze jeszcze nie zgasły, kwiaty nie zwiędły, łzy jeszcze płyną, ofiary katastrofy jeszcze niepochowane, a już podzielił nas wybór miejsca pochowania pary prezydenckiej, już ojciec Tadeusz Rydzyk powiedział (o sobotniej katastrofie), że „gdyby nie ta tragedia, to można by powiedzieć, że to zamach stanu", a Zdzisław Krasnodębski, psycholog społeczny, napisał w dzisiejszej „Rzeczpospolitej": „Już zaczęliście dzielić łupy i dobierać się do szaf. Zróbcie kolejne »Szkło kontaktowe«, wyśmiewajcie tę śmierć, wypijcie małpki. Zaproście Palikota i Niesiołowskiego. Krzyczcie »cham« i »dureń«, i »były prezydent Lech Kaczyński«. Wyśmiewajcie i drwijcie. Bądźcie sobą. Gardzę wami".

Z kolei Waldemar Kuczyński czeka na koniec żałoby, żeby ocenić prezydenturę Lecha Kaczyńskiego. Już sobie wyobrażam medialną dyskusję po tej ocenie.

A nie mówiłam, że będzie tak samo?

Myślałam tylko, że dopiero po żałobie. Byłam optymistką. Już mi przeszło.

Bardziej wierzę

piątek, 16 kwietnia 2010, 9:36

Polak potrafi? Nie każdy i nie wszystko. Tragedia pod Smoleńskiem udowadnia, że nie wszyscy Polacy potrafią być w żałobie.

Powiedział to wczoraj w radiu TOK FM etyk z Uniwersytetu Warszawskiego Paweł Łuków. Zgadzam się z nim w pełni.

To, co słyszę, czytam i widzę, kłóci się, moim zdaniem, z majestatem śmierci. Która wymaga powagi, a nie egzaltacji, ciszy, a nie szumu medialnego (robiącego często wrażenie zagadywania myśli), i na pewno refleksji, a nie, właśnie w tym momencie, „rzucania (przeciwników politycznych) na kolana", żądania, by posypywali głowy popiołem i uczcili Prezydenta minutą wstydu.

Ktoś kiedyś powiedział, że „człowiek to jedyne zwierzę, które potrafi się czerwienić. I ma do tego powody".

Niestety, ale to prawda. I dlatego bardziej wierzę, że tragiczna katastrofa pod Smoleńskiem przyczyni się do pojednania polsko-rosyjskiego niż polsko-polskiego.

Mała rzecz

poniedziałek, 19 kwietnia 2010, 10:16

Skończyła się oficjalna żałoba, wraca polityka. Chciałoby się wierzyć, że trochę inna. Mniej brutalna i zacietrzewiona. Ale boję się, że to tylko pobożne życzenia.

Boję się również (może nawet bardziej), że teraz i jeszcze przez długi czas dla wielu Polaków miarą polskości, patriotyzmu, a nawet zwykłej przyzwoitości każdego z nas będzie liczba godzin wystana w kolejkach do Pałacu Prezydenckiego, ilość wylanych łez i wypowiedzianych słów bólu i rozpaczy.

Rozumiem, że większość ludzi szczerze odczuwała taką potrzebę. To normalne. Ale to nie znaczy, że ci, którzy tego nie robili, nie przeżywali tragedii pod Smoleńskiem, że nie są Polakami, patriotami czy po prostu przyzwoitymi ludźmi.

Nie każdy, komu „brakuje słów, by wyrazić żal", jednak go wyraża. Przed kamerą.

Wiem to po sobie. Kiedy uważam, że żadne słowa nie są odpowiednie, milczę.

Gdyby jednak ktoś spytał, co najbardziej mnie wczoraj poruszyło, powiedziałabym. „Zamachanie" (na pożegnanie Warszawie) skrzydłami samolotu, którym Prezydencka Para na zawsze opuściła stolicę.

Zdaję sobie sprawę, że wobec powagi i rangi uroczystości w Krakowie to mała rzecz. Ale dla mnie poruszająca.

LUDZIE WŁADZY

Klasa bez klasy

Jak mawiał premier Churchill: „Polityka to nie zabawa, to całkiem dochodowe zajęcie". A, jak wiadomo, gorszy pieniądz zawsze wypiera lepszy. Zatem logiczne jest, że zgodnie z prawem Kopernika–Greshama (tak, tego Kopernika) nasza klasa polityczna z kadencji na kadencję jest coraz gorsza. I to widać, niestety.

Nasza klasa polityczna nie ma żadnej klasy. Ale jak obserwuję sytuację, to, niestety, widzę, że części społeczeństwa to odpowiada. I cóż się dziwić, skoro politycy to reprezentacja społeczeństwa. Po prostu wychodzi, kim jesteśmy naprawdę.

Tęsknię za czasami, gdy w sejmie byli ludzie pokroju pana premiera Mazowieckiego czy pana Geremka. Wtedy była inna kultura polityczna. Niestety, te czasy były, minęły i już nie wrócą.

Zawsze byłam pesymistką, ale bardziej optymistyczną. Dziś jestem pesymistką bardziej pesymistyczną. Za mojego życia, poza wyjątkiem, jakim był 1989 rok, zmiany rzadko są na lepsze. Każda kolejna kadencja sejmu jest gorsza. Chyba już nawet przyzwyczaiłam się do tego, że u nas na ogół głosuje się nie tyle za kimś, ile przeciw komuś.

Polityka jest coraz bardziej odrzucająca, ale jednocześnie interesująca, często zaskakująca. Choć bardziej niż politycy zaskakuje mnie społeczeństwo. Bo ten, kto wchodzi do polityki, chce wygrać i rządzić, i jest to normalne. Ale społeczeństwo wydaje mi się, chciałoby być dobrze rządzone. I o ile politycy chcą po prostu wygrać, żeby dostać w swoje ręce władzę, najlepiej tak, żeby samodzielnie rządzić, więc obiecają i zrobią wszystko, aby doprowadzić do takiej sytuacji, o tyle, co widać choćby po telefonach do „Szkła kontaktowego", są ludzie zadowoleni z tego, co się teraz dzieje w Polsce. I tego absolutnie nie rozumiem.

Wbrew temu, co mówią niektórzy, polityka to jednak nie kabaret. Niestety. Bo kabarety, które czasem można zobaczyć, są znakomite, a jaka jest nasza polityka, każdy widzi. I może dlatego młodzi kabareciarze prawie przestali się polityką interesować? Sami politycy zresztą też chyba coraz mniej się nią interesują.

Premier Beata Szydło

Obserwuję ją od dłuższego czasu. Zwróciłam na nią uwagę, gdy jeszcze nie była premierem, bo uznałam, że mogłaby być brzuchomówcą. Wydaje się, że prawie nie otwiera ust; robi to chyba tylko wówczas, gdy się naprawdę ożywia.

Po styczniowej debacie o Polsce w Parlamencie Europejskim, gdzie, notabene z ust pani premier, padło sporo półprawd i całych nieprawd o sytuacji w kraju, szef MSZ, minister Waszczykowski, przekonywał, że w Strasburgu urodził się nowy lider europejski, który nazywa się Szydło. A sama debata „to była jej wielka osobista wygrana".

Gdy to usłyszałam, pomyślałam sobie: Matko Boska, z wiekiem nie mądrzeję, ale żebym aż tak zgłupiała? Wcale nie odbierałam naszej premier jako wybitnego polityka. Nawet jak na nasze krajowe warunki. Nie wybija się niczym z tego grona osób o dużych aspiracjach i zdecydowanie za małych umiejętnościach. Kiedy widzę ją z tą broszeczką albo w tych cudacznych kostiumikach, to ogarnia mnie tylko śmiech.

Prezydent Andrzej Duda

Nie powiem, że jestem rozczarowana tym, jak Andrzej Duda sprawuje swój urząd. Po prostu nie liczyłam na nic dobrego w związku z jego prezydenturą, pewnie dlatego teraz nie doznałam żadnego przykrego zaskoczenia.

Kiedy Andrzej Duda został prezydentem, pojawiły się głosy, że oto wreszcie „mamy takiego przystojnego prezydenta". Jako baba, bo mimo swojego wieku jednak jestem jeszcze kobietą, patrzę na prezydenta i nie widzę, gdzie on jest taki przystojny. Nie tylko ja zresztą. Chyba jeszcze nie spotkałam żadnej kobiety, która choć trochę zachwyciłaby się urodą naszego prezydenta i postrzegała go jako prawdziwego mężczyznę. Przystojnym prezydentem to był na przykład John F. Kennedy. Nawet Kwaśniewski mógł wpaść w oko, jak się odchudził.

Komorowskiego z mężem nazywaliśmy „Gajowy Marucha", bo to taki miły misiowaty pan, który opowiadał te swoje anegdoty i wspomnienia. Jego się traktowało trochę w innych kategoriach. Natomiast Andrzej Duda to nie jest ten typ urody, jakim bym się zachwycała. Jego intelektem zresztą też nie. Niestety. A patrząc na to, jak się zachowywał w sprawie Trybunału Konstytucyjnego i jak zaprzysięgał tych swoich sędziów głęboką nocą, muszę stwierdzić, że takimi cechami, jak odwaga i niezależność (od swojego osobistego prezesa) również nie grzeszy.

Choć, jak to zauważyli choćby widzowie „Szkła kontaktowego", widać, że prezydent poczuł się już bardziej pewnie. Ten jego uśmiech wiele mówi, sądzę, że prezydent zaczyna się czuć pewnie w swojej roli i jest coraz bardziej z siebie zadowolony. Co prawda wolałabym, żeby to większość Polaków była zadowolona z prezydenta, a nie on sam z siebie. Zresztą, wolałabym innego prezydenta.

Platforma

Głosowałam na Platformę Obywatelską, ale z czasem się nią rozczarowałam. Mój mąż, który podobnie jak ja popierał PO, znacznie szybciej poczuł się oszukany. Jak znaczna część tak zwanych ludzi kultury. Dziś Platforma nie może pozbierać się po przegranych wyborach. Pewnie zniknie. I nie żałuję.

Karolak jako muzyk nie mógł wybaczyć Platformie stosunku do sztuki i ludzi ją tworzących. Za rządów tej partii uważano, że wszystko musi na siebie zarobić. Sztuka była traktowana dokładnie tak samo, jak proszek do prania czy fabryka gwoździ. Najlepszym tego przykładem było choćby drastyczne ograniczenie ulgi podatkowej dla wszelkiego rodzaju twórców. Kultura miała zarabiać na siebie sama. I tym Platforma zraziła sobie ludzi kultury.

Nawet w czasach tej okropnej komuny artyści mieli lepiej. I nie chodzi mi o to, że tyle osób zaprzedało się w tamtych czasach. Po prostu wtedy władza, zapewne także ze snobizmu, dbała o ludzi kultury. Oni, może poza „Wiesławem" Gomułką, wiedzieli, że ludzie kultury to nie są ci, którzy przybijają obcasy. To widać choćby w tych ujawnionych niedawno listach do Kiszczaka. Agnieszka Osiecka mogła sobie pozwolić na przykład na to, żeby wstawiać się u wszechwładnego generała Kiszczaka za ludźmi trzymanymi w więzieniach. Ceną była rozmowa z generałem i przegrana kaseta z jej piosenkami.

Ze względu na wiek pewnie już tego nie doczekam, ale wierzę w Petru. Na tle tego wszystkiego, co się wyprawia w sejmie, on wygląda na zorientowanego w tym, co się dzieje w gospodarce i polityce. Wydaje mi się, że duża część tych, którzy głosowali na Platformę, poprze teraz Nowoczesną. Ta partia jest chyba bardziej przekonująca. Niestety, w Platformę przestałam już wierzyć; z tej partii nic już nie będzie.

Kupić młodych

Po zmianach, które nastąpiły, nie widzę entuzjazmu wśród młodych ludzi. Chyba nie chcą wracać tłumnie do kraju z emigracji. I wcale im się nie dziwię.

W zeszłym roku miałam spotkanie z Polakami w Irlandii. Przez dwa dni byłam w Dublinie, tam spotkałam młodych wykształconych ludzi. Po spotkaniu poszłam ze sporą grupką do pubu. Fajnie i szczerze sobie porozmawialiśmy. Opowiadali, że wyjechali z kraju na jakiś czas, żeby zarobić i ustawić się w życiu, ale oglądają, co się dzieje w Polsce. I teraz raczej planują, żeby zakotwiczyć tam na obczyźnie. To nie są, jak na tamte warunki, jacyś krezusi. Ale pracują, odpowiednio zarabiają i godnie żyją. Ich życie jest spokojniejsze, nikt tam nie wywleka teczek, nie kłóci się na temat Trybunału Konstytucyjnego i nie podnosi im podatków. Nasi politycy chyba nie rozumieją, czego chcą obywatele. Teraz przekonują, że gdy rząd da rodzicom po te pięćset złotych (które wcześniej zabierze w formie podatków zarówno posiadającym dzieci, jak i bezdzietnym), to staniemy się krainą miodem i mlekiem płynącą. Pieniądze już rozdają, a jakoś nie widać, żeby młodzi wracali tłumnie z tułaczki po świecie.

Notabene jestem ciekawa, ile z tej kwoty co miesiąc pójdzie na dzieci? Jestem pewna, że w niektórych przypadkach nawet złotówka nie zostanie przeznaczona na właściwy cel...

Nie wiem, czy te pięćset złotych pomoże rządowi. Chyba nie. Po pierwsze, ludzie się szybko przyzwyczają, że dostają coś od rządu, a po drugie, i tak będą więcej wydawali na opłaty w bankach, zakupy w supermarketach itp. A młodzi i tak będą woleli, żeby ich dzieci urodziły się w Wielkiej Brytanii czy Irlandii. Tam jeszcze długo będzie normalniej niż u nas.

Media publiczne

Jestem coraz starsza, a czuję się tak, jakbym wracała do lat młodości. Może to dlatego, że „Wiadomości" w TVP1 przypominają coraz bardziej „Dziennik Telewizyjny"?

Sama wprawdzie współpracuję głównie z TVN24 i na szczęście ta „dobra zmiana", jaką jest skok na wszystkie stołki i firmy możliwe do obsadzenia swoimi ludźmi, jeszcze mnie nie dotknęła. Na razie nie jesteśmy telewizją publiczną, ale zawsze mogą próbować nas „odzyskać". Jednak mam w TVP i Polskim Radiu dużo znajomych, ludzi, z którymi kiedyś pracowałam. I jestem przerażona tym, jak się ich dziś traktuje.

Choć mi się to nie podoba, to jestem jeszcze w stanie zrozumieć, że gdy jakaś partia przejmuje władzę, to bierze dla swoich ludzi kierownicze stanowiska w mediach. Tak, niestety, było zawsze i pewnie będzie nadal. Ale to, co teraz się dzieje w mediach publicznych, przechodzi ludzkie pojęcie. Tam trwa prawdziwa czystka, którą można porównać tylko z tą z dawnych czasów. Zwolniono wiele osób, i to takich, które nie zajmowały się nigdy polityką, a pracę straciły tylko dlatego, że wykonywały ją od lat. To, że miały doświadczenie, czyniło je podejrzanymi o najgorsze zbrodnie. Z programu drugiego telewizji wyrzucono „Paranienormalni Tonight", nie dano im szansy, mimo że wygrali prestiżowy plebiscyt widzów Telekamery 2016 w kategorii najlepszy program rozrywkowy. To jest skandal. Wracamy do dawnych czasów. W sumie jestem do nich przyzwyczajona. Przecież to z powodu tego, co się działo wokół mnie, wymyśliłam sobie coś tak abstrakcyjnego jak te moje wyspy Hula-Gula. Zrobiłam to dlatego, że była cenzura, a ja nie miałam takiej natury, żeby walczyć. Tak jak teraz Polacy wyjeżdżają do Wielkiej Brytanii czy Irlandii, moi bohaterowie wyjeżdżali na wyspy Hula-Gula. Tam byli szczęśliwi, bo to miejsce, gdzie można było wszystko zrobić. Wydaje mi się, że teraz te wyspy Hula-Gula bardzo przydałyby się Polakom.

Elitarna księżna

(Historie nie z tej ziemi)

Któż z nas nie marzył, żeby choć raz w życiu znaleźć się na cudownych, owianych tajemniczą legendą wyspach Hula-Gula? No więc ja akurat nie marzyłem. Poważnie. Między innymi dlatego, że do niedawna w ogóle o takich wyspach nie słyszałem. A kiedy usłyszałem, byłem pewny, że to fikcja. Literacka zresztą. Szczerze mówiąc, nadal jestem tego p r a w i e pewien. Prawie, ponieważ właśnie wczoraj wróciłem z wysp Hula-Gula, co, jakby nie było, jest pewnym dowodem na to, że wyspy te istnieją naprawdę. Tak czy inaczej, niezależnie od tego, czy wyspy Hula-Gula są rzeczywistością czy fikcją literacką, spędziłem na nich blisko trzy godziny. A trafiłem tam w sposób tak niewiarygodny, że po prostu... nie warto opowiadać! No bo skoro z góry wiadomo, że nikt mi nie uwierzy, to po co tracić czas i... fantazję na opowiadanie? Zacznę więc swą opowieść od momentu, kiedy z narażeniem nie tylko życia, ale i zdrowia wylądowałem na wyspach Hula-Gula. Moim zadaniem było: primo – odnalezienie, żywej lub martwej, księżny Hula, secundo – przeprowadzenie z nią wywiadu na temat jej twórczości literackiej, a konkretnie – ostatniej, a jednocześnie pierwszej książki, uznanej za najbardziej elitarną powieść roku 72.

Pierwszym człowiekiem, człekokształtnym zresztą, którego spotkałem na wyspach, był miejscowy jodler. Kiedy spytałem go, gdzie mógłbym znaleźć księżnę Hula, przestał na moment jodłować i w sobie tylko zrozumiałym narzeczu poinformował mnie, że Księżna Pani przebywa teraz na dworze. Kwadrans później stałem przed obliczem księżny Hula-Gula. Była to kobieta drobnej, ale dokładnej budowy, trzydziestoletnia, która z pewnością nie przekroczyła jeszcze pięćdziesiątki, nordycka blondyna o włosach czarnych jak biały kruk. Na kolanach trzymała małego słonia.

– Witam pana na wyspach! – powiedziała, nie wymawiając „r". – Proszę wybaczyć, że przyjmuję pana na dworze, ale w pałacu jest teraz okropnie duszno. Duszą akurat moje ulubione grzyby. A czy można wiedzieć, sir, jaki jest cel pańskiej wizyty?

– Przede wszystkim, jeśli księżna pozwoli, chciałbym porozmawiać na temat jej książki.

– Pozwalam... – Skinęła łaskawie. – Niech pan rozmawia, sir.

Zacząłem szukać po kieszeniach kartki z pytaniami.

– Jeśli nie może pan znaleźć pytań, sir – uśmiechnęła się – proszę się nie trudzić. Mam gotowe odpowiedzi. Później dopisze pan pytania... – co powiedziawszy, włożyła dwa palce lewej nogi do ust i zagwizdała.

Jak spod ziemi wyrósł jakiś mężczyzna z kartką papieru.

– Panowie pozwolą... – przedstawiła nas: – ...sir Camembert Brie... Sir... – Spojrzała na mnie pytająco...

– Z przyjemnością! – wyrwałem się jak filip z konopi. – Bo szczerze mówiąc, od wczoraj nie miałem nic w ustach...

Księżna z kamienną twarzą pokerzysty ponownie gwizdnęła na palcach lewej nogi i po chwili młoda dziewczyna w stroju ludowym przyturlała olbrzymią kulę żółtego sera. Kiedy po posiłku podziękowałem za skromne przyjęcie, księżna zerknęła w kartkę sir Camemberta i zaczęła udzielać mi odpowiedzi na pytania, które miałem później dopisać...

– Jako dziecko, nieletnie zresztą, urodziłam się dziewiątego sierpnia w środę, o godzinie czternastej trzydzieści czasu miejscowego. Do szkoły chodziłam, ponieważ mieściła się tuż obok naszego pałacu i nie było sensu, żeby szofer mnie odwoził. Na studiach zetknęłam się z grupą młodych, ale za to niezdolnych poetów. To zadecydowało o tym, że nigdy nie pisałam wierszy. Tylko prozę. Pierwszą książkę napisałam w tym roku. Otrzymałam za nią specjalną nagrodę krytyki za najbardziej elitarną powieść roku.

– Czy dlatego – przerwałem jej wreszcie – że z racji swego urodzenia należy pani do elity?

– Nie – zaprzeczyła żywo, zerkając uprzednio na kartkę. – Otóż zdaniem krytyków, moja powieść jest absolutnie niezrozumiała dla szerokiej rzeszy czytelników, ponieważ napisałam ją w sobie tylko zrozumiałym narzeczu hula-gula. Nawet moi podwładni nie rozumieją większości słów w tym narzeczu!

– Rozumiem! I stąd nagroda za elitarność. – A co...

Księżna jednak nie dała mi dokończyć pytania.

– No więc na warsztacie mam teraz drugą powieść. Jak przypuszczam, równie elitarną jak pierwsza.

– Wszyscy na nią czekamy – zapewniłem ochoczo. – I na zakończenie, jeszcze jedno...

– Niedyskretne pytanie...? – księżna znowu mi przerwała. – Niestety... Muszę pana rozczarować, sir. Żadnego hobby nie mam.

Podziękowałem za wywiad i poprosiłem o egzemplarz nagrodzonej książki. Księżna była wprawdzie mą prośbą zaskoczona, ale szczęśliwym trafem miała akurat przy sobie jeden egzemplarz powieści. Z dedykacją, zresztą.

Na zakończenie audiencji podała mi do pocałowania usta, następnie gwizdnęła na palach i w tej samej chwili zajechała czarna limuzyna białego koloru. Szofer w białych szortach koloru khaki otworzył przede mną drzwiczki. Zanim dojechaliśmy do granicy księstwa Hula-Gula, przekartkowałem powieść od deski do deski. I muszę przyznać, rzeczywiście nie zrozumiałem z niej ani słowa. Głównie chyba dlatego, że księżna napisała ją w sobie tylko zrozumiałym narzeczu hula-gula... A ponieważ od dziecka mam zdolności do języków, może i ja napiszę kiedyś e l i t a r n ą powieść... Na przykład z życia wyższych sfer księstwa Hula-Gula.

Antoni Macierewicz

Gdybym była w nocy w jakimś ciemnym i strasznym miejscu, a z przeciwka szedł Antoni Macierewicz, to uciekałabym z krzykiem. Zwyczajnie bałabym się go. On ma w oczach coś dziwnego, przerażającego. Część moich znajomych uważa, że ten wzrok jest ewidentną oznaką choroby. Coś w tym jest, to rzeczywiście nie jest normalne spojrzenie.

Ale jest to również człowiek inteligentny, bardzo cwany polityk.

Na pewno jest jakaś grupa, na szczęście mała, której Macierewicz się podoba. Takich, którym on się nie podoba, jest znacznie więcej, dlatego tak ukrywano go przed wyborami.

TKM, czyli „dobra zmiana"

Nie zaskoczyła mnie wygrana PiS. Byłam właściwie pewna, że tak się stanie. Nie zakładam się, ale w tej kwestii mogłam założyć się o wszystkie pieniądze, że PiS wygra. Obawiam się, że większość ludzi w Polsce również spodziewała się tego, co się teraz dzieje. I dlatego nie rozumiem, dlaczego tak wiele osób nie poszło na wybory. Aż tak nam wszystko jedno, co się dzieje z tym krajem? To tylko potwierdza moją tezę, że patriotyzm uprawiamy tylko na pokaz.

Głupota wyborców i ich wiara w cuda jest, niestety, przerażająca. Bo to, że politycy obiecują i mamią ludzi kłamstwami, to normalna rzecz. W jakimś sensie jest to wpisane w ten zawód; po prostu chcą dorwać się do władzy, więc robią, co się da. Choć to paskudne zachowanie, jednak w jakimś stopniu jestem w stanie je zrozumieć. Ale że ludzie w to wierzą? Jeszcze rozumiem młodych, którzy nie pamiętają tego, co było osiem lat temu i w czasie ostatnich wyborów wykazali się po prostu naiwnością. Ale ludzie starsi? Dlaczego oni poparli PiS? Zwłaszcza że na takich sztandarowych hasłach, jak opodatkowanie banków i hipermarketów, stracą właśnie typowi wyborcy tej partii, ludzie najbiedniejsi. Czy wyborcy naprawdę się nie zastanawiają, co robią, głosując, i jakie konsekwencje może mieć wygrana danego ugrupowania?

Notabene stale się mówi, że to większość narodu wybrała to, co mamy w tej chwili. Guzik prawda, PiS realnie poparło niespełna dwadzieścia procent osób z grupy, która może głosować. Reszta wyborców albo została w domu w dniu wyborów, albo zagłosowała na inne partie. Zatem nie przesadzajmy z tą chęcią Polaków do oddania całej władzy Jarosławowi Kaczyńskiemu. Ale głosowaliśmy, jak głosowaliśmy, i zaczyna się zapowiadana „dobra zmiana". Czy ona jest taka dobra? Moją babcię na zmiany zawsze coś tam łupało, ja na szczęście nie mam reumatyzmu. Za to jednak mam spore wątpliwości dotyczące tego, co się dzieje w kraju.

Zawsze lubiłam zwierzęta, zwłaszcza że im dłużej żyję, tym bardziej rozczarowują mnie ludzie. Pewnie dlatego tak bardzo zainteresowały mnie kulisy tych rzekomo „dobrych zmian" w stadninach koni arabskich w Janowie Podlaskim i w Michałowie.

Choć sama nigdy nie jeździłam konno, co więcej, zwyczajnie bałam się koni, to wiem, że araby to nasz skarb narodowy. One mają znakomitą renomę za granicą i z całego świata przyjeżdżają do nas bogaci ludzie, żeby je kupować na aukcjach. A skoro od tylu lat trwała dobra passa tych stadnin, to oznacza, że tym koniom żadna krzywda się nie działa. Wręcz przeciwnie, bo przecież zwierząt w kiepskim stanie czy ze źle dobranymi cechami nikt rozsądnie myślący nie kupi. Dlatego nie rozumiem, po co raptem nastąpiła wymiana najważniejszych osób na takie, które nie mają pojęcia o tym, co robią. Nowi dyrektorzy stadnin pewnie szybko nauczą się, gdzie jest łeb, a gdzie ogon konia. Ale jednak szkoda tych zwierząt i ich legendy.

Rozumiem, że polityka ma swoje prawa, dlatego jeszcze jestem w stanie zrozumieć, że w ramach łupów politycznych zwycięzcy obsadzają swoimi ludźmi telewizję publiczną, radio. Wiadomo, partia, która wygrała, przejmuje media. Ale po co im hodowle koni? To nie ma nic wspólnego z polityką, ewentualnie tylko z szukaniem fuch dla swoich ludzi. Bo co jak co, ale pewnie posada dyrektora prestiżowej stadniny jest dobrze płatną pracą. Dlatego się robi takie zmiany.

Ale w tej sytuacji, gdy słyszę te dumne stwierdzenia, że „wybrał nas naród", „rozmawiamy z narodem", to te hasła tylko mnie śmieszą. Owszem, słuchają narodu, bo wprowadzili ustawę, która pozwala wszystkich podsłuchiwać. Natomiast te stwierdzenia nie usprawiedliwiają żadnych działań, które są prowadzone przez rząd. Zwłaszcza że wybrała tylko część narodu. Oczywiście, reszta musi się podporządkować tej decyzji.

Zaczynam się cieszyć z powodu nieubłaganych praw biologii, bo dzięki nim te sprawy, które dzieją się w kraju, już coraz mniej dotyczą mnie osobiście. W moim wieku człowiek już nie myśli o tym, żeby zaczynać jakaś karierę, ale raczej żeby kończyć i w naturalny sposób jakoś tak się wygasza.

Wszyscy myślą, że jestem wielką optymistką, ale to nie jest prawda. Z wiekiem coraz bardziej mnie rozczarowują nie tylko ludzie, ale także to, co oni robią ze światem czy krajem. Oczywiście, nie jest tak, że wszystko widzę w czarnych barwach i wszystkie moje pesymistyczne wizje się sprawdzają. Jednak mam coraz mniej nadziei typu: To będzie dobra zmiana. Dlatego, patrząc na to, co się dzieje w kraju, zdecydowanie coraz mniej zazdroszczę młodym ludziom ich wieku. A przecież to normalne, że stary człowiek zazdrości młodym. Mało kto cieszy się ze starości. A ja właśnie nie chciałabym być na ich miejscu. Czyli dzieje się coś nienormalnego. Gdy oglądam „Wiadomości" w Telewizji Publicznej, jestem spokojna, bo długo nie pożyję i nie będę się męczyła. A młodym zostało już tylko wyjechać za granicę. Choć może nie potrwa to długo i po następnych wyborach wróci normalność? A jeśli nie wróci, to ja już nie wyjadę, ale większość sensownych ludzi pewnie wybierze się w podróż w jedną stronę na Zachód i nie wróci tu więcej. Niestety, pamiętam z przeszłości takie sytuacje. Nigdy nie zapomnę, jak w 1968 roku jedyny sensowny kolega mojej siostry, którego naprawdę polubiłam, bardzo sympatyczny inteligentny facet, syn jakiegoś dyrektora z LOT-u, stał na peronie dworca i płakał, bo nie rozumiał, dlaczego, jeśli czuje się Polakiem, musi z Polski wyjechać.

Pocieszające jest to, że już po kilku miesiącach rządzenia przez premier Szydło mam wrażenie, że nawet w gronie tych osób, które głosowały na PiS, coraz więcej ludzi zaczyna być rozczarowanych tym, co się dzieje. Dużo jeżdżę taksówkami, bo od jakiegoś czasu nie mam swojego samochodu, i właśnie ze względu na wiek już na pewno nie kupię sobie kolejnego. Stale korzystam z jednej korporacji, więc mam już znajomych kierowców. Pamiętam, jak pewien taksówkarz tuż przed wyborami się cieszył, że dostanie dwa tysiące złotych, bo przecież obiecują pięćset złotych na dziecko, a on ma czwórkę. Mówił: Jestem za nimi, obiecali przecież. Sam to słyszałem. Chciałabym go dziś spotkać i się przekonać, co powie. Choć mogę się domyślać, bo jego koledzy, którzy jeszcze kilka miesięcy temu wydawali się zadowoleni ze zmiany władzy, dziś zaczynają się zastanawiać nad tym, co się dzieje w kraju i czy to wszystko na pewno zmierza w dobrym kierunku.

Oczywiście, to jeszcze nie znaczy, że PiS odejdzie w niebyt. Na Węgrzech sytuacja od lat się pogarsza, a ludzie dalej wybierają Orbana. W końcu łaska boska i głupota ludzka nie mają granic.

Jarosław Kaczyński

Nie zgadzam się z większością poglądów głoszonych przez szefa PiS. Ale mówiąc o nim, zawsze podkreślam, że jest to jeden z naszych najinteligentniejszych polityków. A ja cenię inteligencję. Wolę inteligentnego drania niż dobrego, ale głupiego, człowieka. Ten drugi przypadek to jakiś koszmar.

Jako polityk Kaczyński na pewno wie, czego chce. To jeden z niewielu naszych polityków, a trochę to śledzę, co się dzieje na tej „scenie", choćby dlatego że ze względu na „Szkło kontaktowe" muszę być na bieżąco, który jest nie tylko konsekwentny, ale i skuteczny w swoich działaniach. (Niestety, cenę za to będziemy płacili jeszcze przez wiele lat). Dzięki niemu dziś PiS ma pełnię władzy, a on, choć pociąga za wszystkie sznurki, za nic nie odpowiada. To idealna sytuacja dla kogoś z takim charakterem, jaki ma właśnie pan Kaczyński. Nie musi nigdzie bywać, uśmiechać się do kamer, tłumaczyć ludziom, co się dzieje, a realnie rządzi całym krajem.

Nie umiem sobie racjonalnie wytłumaczyć, dlaczego PiS wrócił do władzy. Niestety, większość młodych nie pamiętała tego, co działo się w latach 2005–2007. I dlatego teraz mamy bardzo intensywną powtórkę z tamtych czasów. Niestety, obawiam się, że tym razem będziemy musieli wytrwać całą kadencję z Jarosławem Kaczyńskim pociągającym za sznurki w pałacu prezydenckim i kancelarii premiera. I teraz nie ma jego brata, który choć trochę go hamował. Koszmar.

Lech Kaczyński

To nie był mój prezydent, ale naprawdę, wbrew uporczywie powtarzanym przez zwolenników PiS twierdzeniom, nigdy nie krytykowałam prezydenta Kaczyńskiego. Co więcej, jako człowiek Lech Kaczyński nawet wzbudzał moją sympatię. Znacznie gorzej oceniałam go jako polityka, ale przynajmniej potrafił chwilami okiełznać szalone pomysły swojego brata.

A Lecha Kaczyńskiego jako człowieka polubiłam, gdy zaczęło się to kompletne wariactwo z ograniczaniem palenia. Palić można było już tylko w ściśle wyznaczonych pomieszczeniach, ale w Polskim Radiu przy ul. Malczewskiego, czyli tam, gdzie mieści się między innymi Jedynka, nie było jeszcze ustawionych tych specjalnych kabin. Dlatego żeby zaciągnąć się papierosem, trzeba było wychodzić na zewnątrz. Akurat zaczynała się zima, więc pogoda była paskudna, zacinał śnieg, było chłodno. Miałam bardzo krótką przerwę w nagraniu, dlatego szybko, nawet nie zabierając płaszcza, wybiegłam za drzwi, żeby wreszcie zapalić. Staliśmy i paliliśmy w jakiejś większej grupce, kiedy z budynku wyszedł pan Lech Kaczyński. Spojrzał na nas i stwierdził: No nie, to jest nieludzkie! Jak można zmuszać dorosłych ludzi w taką pogodę, żeby stali w śniegu i marzli na zewnątrz?! Powinni jednak coś z tym zrobić.

Mimo że jako polityk nie zrobił nic w tej sprawie (w końcu naczelną zasadą wszystkich polityków, niezależnie od miejsca na scenie politycznej, jest: „nikt ci tyle nie da, ile ja obiecam"), to jednak szalenie ujął mnie tym zachowaniem. Ludziom, zwłaszcza niepalącym, trudno zrozumieć naszą sytuację i jeszcze zdobyć się na współczucie. Ale jeszcze więcej mojej sympatii Lech Kaczyński zyskał, gdy dowiedziałam się, że przygarnął porzuconego psa. Dlatego zawsze gdy mówiłam o prezydencie Kaczyńskim, podkreślałam, że jest dobry dla zwierząt, i staram się go nie krytykować.

Maria Kaczyńska

Panią Marię Kaczyńską miałam okazję poznać w 2007 roku na spotkaniu z okazji Dnia Kobiet zorganizowanym przez nią w Pałacu Prezydenckim. To była ta słynna impreza, która tak rozwścieczyła Tadeusza Rydzyka, że swoim studentom opowiadał, że prezydentowa to czarownica, która powinna się poddać eutanazji.

Natomiast jej mąż, prezydent, to oszust ulegający lobby żydowskiemu. A wszystko dlatego, że pani Maria podczas spotkania zaapelowała do polityków o niezaostrzanie ustawy antyaborcyjnej. To było jej jedyne przewinienie. Ciekawe, czy teraz Jarosławowi Kaczyńskiemu nie jest głupio przekazywać milionów z naszych podatków na uczelnię człowieka, który tak nazywał jego brata i bratową?

W każdym razie spotkanie było nawet zabawne, bo zaczęło się od tego, że każda z zaproszonych pań dostała... po paczce rajstop. Trochę jak za komuny. Od razu przypomniały mi się czasy, kiedy w tym dniu panie dostawały obowiązkowo po czerwonym goździku, a panowie pili. Oczywiście, za zdrowie pań. Całkiem miłe wspomnienia.

Po wręczeniu prezentów pani Kaczyńska podchodziła do każdego z gości i zamieniała z nim kilka słów. Idąc na spotkanie, wiedziałam, że będę musiała rozmawiać z pierwszą damą. A ponieważ nigdy wcześniej nie miałam okazji, żeby zamienić choćby kilku słów z osobą, która jest tak wysoko w hierarchii, to już wcześniej się zastanawiałam, co mogę jej powiedzieć, żeby nie zrobić jakiejś głupoty. Na szczęście przypomniało mi się, że ona lubi zwierzęta i w pałacu jest wielorasowy pies. Spytałam ją o niego. Opowiedziała, jak to kiedyś wracała z mężem z wakacji i na stacji benzynowej zobaczyli błąkającego się psa. Od obsługi dowiedzieli się, że ktoś go zostawił, więc przygarnęli zwierzaka.

Ludziom, którzy potrafią zrobić krzywdę zwierzętom, nie bardzo wierzę, bo to znaczy, że są zdolni do skrzywdzenia także ludzi. Cenię natomiast każdego, kto ma dobre odruchy w stosunku do zwierząt. Po tym spotkaniu i rozmowie mogę powiedzieć z ręką na sercu, że pani Maria Kaczyńska była uroczą i dobrą kobietą.

Tadeusz Mazowiecki

Na co, jak na co, ale na brak premierów w III Rzeczypospolitej narzekać nie możemy. Jednak prawdziwy premier był tylko jeden. I to z jego powodu do dziś żałuję, że w czasach mojej młodości można było wszędzie palić.

Pracę zaczynałam w Redakcji Reklamy Polskiego Radia, która mieściła przy ulicy Kopernika 34. W tym samym budynku swoją redakcję miał miesięcznik „Więź", którym wówczas kierował pan Tadeusz Mazowiecki.

W tamtych czasach można było palić nawet przy biurku w redakcji, ale wszyscy szliśmy na klatkę schodową. I tam w grupkach staliśmy z papierosami w rękach, dyskutując o różnych sprawach. Czasem dołączał do nas także pan Mazowiecki. Przez to, że można było palić wszędzie, widywałam go jedynie przelotnie na schodach. A gdybyśmy musieli wychodzić „na dymka" przed budynek... Właśnie dlatego nie poznałam bliżej premiera Tadeusza Mazowieckiego. Czego naprawdę żałuję. Bo jak sobie przypomnę tego pana z klasą, to jeszcze bardziej nie mogę patrzeć na te coraz bledsze „gwiazdy" naszej polityki.

Lech Wałęsa

Jeśli jestem z czegoś dumna w swoim już zbyt długim życiu, to z tego, że nigdy nikomu nie zrobiłam świństwa. Nawet w tych trudnych czasach za komuny, wtedy nawet do partii się nie zapisałam. Ale dziś nie mogę znieść tego, co PiS wyrabia z Lechem Wałęsą, tymi oskarżeniami.

Nigdy nie miałam zdjęcia Wałęsy nad łóżkiem; to nie był bohater mojej bajki. Nigdy zresztą nie należałam do Solidarności, choć oczywiście ją popierałam. Ale tego, co się teraz dzieje, znieść nie mogę. Jak IPN może pokazywać dokumenty, które zabrał z domu Kiszczaka, bez żadnej weryfikacji? A jeśli nawet Wałęsa miał kiedyś chwilę słabości i coś podpisał, a potem nawet coś donosił – to nie przekreśla jego zasług w 1980 roku. Wręcz przeciwnie, jeśli wyrwał się esbecji i stworzył Solidarność, to tylko należą mu się oklaski. Bo jednak okazał odwagę.

A my – mam na myśli społeczeństwo i publicystów pojawiających się w mediach – zamiast na spokojnie to wszystko przedyskutować, z lubością zabieramy się do niszczenia tego człowieka. To takie polskie zachowanie. Mój mąż, który spędził życie głównie poza Polską, opowiada, że Wałęsa był zaraz po Janie Pawle II najbardziej rozpoznawalnym symbolem naszego kraju na świecie. Nawet gdzieś daleko w Afryce, jak mówiło się Polska, to tubylcy kiwali głowami, powtarzając: Walesa, Walesa.

To okropna cecha Polaków, że gdy ktoś zaczyna być szanowany na świecie, to musimy go natychmiast pognębić, zdołować. Niestety, mimo zmian w kraju, ta cecha zamiast znikać, z biegiem lat tylko się potęguje.

Adam Hofman

Kiedy pierwszy raz usłyszałam nowego rzecznika PiS pana Mastalerka, powiedziałam, że zatęsknimy jeszcze za Adamem Hofmanem. I teraz, oglądając TVN24, powtarzam sobie: Adam, wróć, kiedy tylko otwiera usta któryś z następców zdymisjonowanego już dawno Mastalerka. Okazuje się, że w polityce zawsze może być gorzej.

Nigdy nie zachwycała mnie nie tylko uroda Hofmana, ale także to, jakim był rzecznikiem PiS. Denerwował mnie jego sposób mówienia. No, ale był zdecydowanie lepszy w swojej roli niż pan Mastalerek, pani Witek czy teraz ten pan, który kiedyś zapowiadał pogodę, a dziś zapowiada pomysły swojego prezesa. Ci ludzie jak automaty powtarzają to, co mówi prezes Kaczyński. Nie dodają nic od siebie. To, moim zdaniem, nieciekawe postacie. Są nijakie. To sprawa charakteru. Hofman był barwniejszy. Dlatego, w jakimś sensie, tęsknię za nim. Lubię barwne postacie.

Krystyna Pawłowicz

Kiedy słucham tej pani, to z każdym jej słowem moje oczy robią się coraz większe.

Przy niej to nawet minister Kempa jawi się jako uprzejma osoba, a nasza premier to nawet osoba miła.

Posłanka Pawłowicz zrobiła w sejmie już wiele różnych głupot. Ale za najbardziej skandaliczną uważam jej wypowiedź, że związki homoseksualne i bez dzieci są jałowe. Gdybym była w tej chwili młodsza, to pewnie ślubu bym nie wzięła. I taką samą decyzję podejmuje mnóstwo ludzi, więc choćby nie wiem jak pani Pawłowicz wszystkich obrażała, to tego nie zmieni. Choćby zapluła się z mównicy na śmierć. Najsmutniejsze jest to, że ona nawet nie zdaje sobie sprawy z tego, że obraża także siebie, bo sama jest bezdzietna. To świadczy o tym, jak mały musi mieć rozumek. A ja się cieszę, że używając określenia pani poseł, „jestem jałowa". Tylko że ja nie chciałam mieć dzieci świadomie i na szczęście ich nie mam. A ona? Pewnie chciała, tylko nie było żadnego zdesperowanego, który chciałby się z nią związać.

Na szczęście swoim istnieniem poseł Pawłowicz nie jest w stanie sprawić mi jakiejkolwiek przykrości. Ale jest mi przykro, że taka osoba została wybrana do sejmu. Patrzę na nią, jak na ciekawostkę przyrodniczą porównywalną chyba tylko z Nelly Rokitą. Tyle że ta druga przynajmniej nie była agresywna; raczej zabawna.

Janusz Palikot

Poznałam go osobiście, gdy zakładał swoją partię. Podobało mi się, że proponuje rozdział państwa od Kościoła. Ale gdy zaczął tak chamsko atakować Kościół, przestało mi się podobać to, co robi.

Kościół jest potrzebny, niech ludzie wierzą, jeśli mają taką potrzebę. Nie chcę tylko być w gorszej sytuacji dlatego, że nie chodzę na msze. Ważny jest rozdział państwa od Kościoła. Choć mam wątpliwości, jak to teraz z tym będzie. W tej chwili chyba już wszyscy ludzie ze szczytów władzy biegają do ojca Rydzka do Radia Maryja i telewizji Trwam. A to poszukiwanie, skąd by tu wziąć dwadzieścia lub więcej milionów w darze dla ojca dyrektora, to już szczyt żenady.

POLSKA

Cierpienie

My, Polacy, z zupełnie niewiadomych dla mnie przyczyn kochamy się nurzać w cierpieniu. Każdy powód, żeby pokazać, jak jest nam źle i jacy to jesteśmy nieszczęśliwi, jest dobry. Polak zawsze znajdzie jakiś powód, żeby sobie ponarzekać.

Kiedyś spotkałam na ulicy znajomego i wywiązała się między nami taka dyskusja:

– Cześć, całe wieki. Co u ciebie słychać?

– A cześć. Wiesz, fatalnie. Musiałem zapłacić gigantyczny podatek.

– O, to znaczy, że nie jest źle, bo dobrze zarabiasz.

– A weź, daj spokój, grosze.

Albo to, co się działo po katastrofie prezydenckiego samolotu w Smoleńsku. Nie neguję, że była to wielka tragedia, ale nie rozumiem tych, którzy przychodzili pod krzyż i tak pięknie rozpaczali, widząc jak skierowane są na nich obiektywy kamer. Oglądałam ten pokaz i widziałam, że oni w głębi duszy są szczęśliwi, bo mogą pocierpieć, i to za miliony innych obywateli.

Nie wiem, dlaczego aż tak różnimy się od Amerykanów, którzy na pytanie: Co słychać? – zawsze odpowiedzą: Świetnie! Ludzie odpowiedzą tak, nawet gdy są w depresji i nic im nie idzie. I mnie ten amerykański styl naprawdę bardzo odpowiada. Sama nie zawsze mam powody, żeby żartować i się uśmiechać. Ale jeśli mam problem, to jest to wyłącznie moja sprawa. Nie mam zamiaru opowiadać o tym publicznie ani zadręczać ludzi nawet samą zbolałą miną. Pokrzywić to ja się mogę w domu. Tam to nawet i grubszym słowem rzucę. Ale sama.

Dałam radę przeżyć wojnę jako małe dziecko, jako młoda – komunę. Nawet jako palaczka przeżyłam ten zakazy publicznego palenia. Polak potrafi, to i Polka też.

Patriotyzm

Lansowany ostatnio tak zwany nowoczesny polski patriotyzm mnie przeraża. Nie rozumiem tych łysych młodzieńców z racami i flagami świętujących pierwszego sierpnia. A bardziej niż przebierańców w Halloween boję się tych, którzy jedenastego listopada przebierają się za patriotów i idą szerokim pochodem przez miasto. Kiedy myślę o takim sposobie okazywania miłości do ojczyzny, to od razu jeżą mi się włosy na głowie.

Szczecina jeży mi się na grzbiecie również, gdy patrzę na te słynne miesięcznice smoleńskie. Jak te tłumy wyznawców Jarosława Kaczyńskiego maszerują za nim po Krakowskim Przedmieściu, trzymając w rękach pochodnie. To naprawdę kojarzy się z Ku-Klux-Klanem. Takie rzeczy, zamiast podbudowywać mój patriotyzm, tylko mnie zrażają. Tak samo jak te szaleństwa z flagami na każdą możliwą okazję, bo z wywieszaniem to kojarzy mi się tylko moje ukochane powiedzenie: Biegać jak pies z wywieszonym językiem. Nie bez kozery, bo kocham psy. Kiedy więc słyszę o wywieszaniu flag, to wyobraźnia podsuwa mi wspomniany przed chwilą obraz. I zamiast patriotycznie się wzruszyć, zaczynam się śmiać.

Nie noszę kotylionów, nie obwieszam się flagami. Dowodem na to, że jestem patriotką, jest fakt, że płacę podatki. Owszem, zdarza się, że robię to w ostatniej możliwej chwili, ale fakt, że bez żadnego kombinowania oddaję fiskusowi swoje pieniądze, jest w moim przekonaniu naprawdę przejawem patriotyzmu. Żyjemy w takich czasach, w których na szczęście nie trzeba przelewać krwi za ojczyznę, choć po ostatnich wyborach to już na dobre rozgorzała wojna polsko-polska.

Ostatnio z woli wyborców, już po raz drugi w naszej najnowszej historii, zaczynamy czas świętowania wszelkich możliwych bitew, zwłaszcza tych przegranych. PiS lubuje się w rozpamiętywaniu kolejnych tragedii ze szczególnym uwzględnieniem tej ze Smoleńska. Drażni mnie to, bo nie lubię wracać do przeszłości. Naprawdę boli mnie nieustanne przypominanie, co i kiedy Polska przegrała oraz tego, kto i jaką nam krzywdę zrobił. Dlaczego w ogóle muszę o takich rzeczach pamiętać?! Po co to się przypomina?

Tak samo idiotyczne jest wmawianie nam, że Polska jest najważniejsza. Kiedyś grupa byłych posłów PiS nawet założyła partię o takiej nazwie, co tylko potęguje absurd tezy o tej ważności Polski. Przecież oni założyli to ugrupowanie nie dla kraju, ale tylko dla siebie. Na szczęście żyjemy w czasach otwartych granic i każdy może sobie wybrać jakiś dowolny ważniejszy kraj. Sam fakt, że urodziłam się w Polsce, a nie na przykład w Niemczech czy Czechach albo w Rosji, nie jest czymś, co mnie poraża i nakazuje bezwarunkowo kochać ojczyznę. To mnie nie przekonuje do patriotyzmu. Zresztą, nie dzielę ludzi na Polaków, Niemców, Rosjan czy na patriotów albo i nie. Jedyny sensowny dla mnie podział to podział na ludzi dobrych i złych.

Nie znoszę tego polskiego nadęcia. Gdy ktoś pyta, co mnie najbardziej śmieszy, to właśnie ta powaga, brak dystansu do wszystkiego. Między innymi dlatego tak uwielbiam Woody'ego Allena; za ten jego dystans, autoironię i umiejętność śmiania się z siebie. U nas tego brakuje. Zawsze powtarzałam (i nadal będę powtarzała), że nie jestem patriotką. Naprawdę nie chcę być zmuszana do tego, aby uważać, że Polska jest wspaniała tylko dlatego, że jestem Polką; co to, to nie. Jeśli jestem z czegoś dumna, to raczej z tego, że żyjąc tyle lat, nigdy nie robiłam żadnych świństw ludziom. Nawet w czasie komuny.

Czuję się przede wszystkim warszawianką i kocham to miasto. Natomiast resztą kraju specjalnie się nie interesuję. Nie czuję też przekonania do tego, aby oddawać życie za „umiłowaną ojczyznę". Zresztą to, że tu się urodziłam, jest kwestią przypadku. Moi rodzice mogli wyjechać ze Lwowa w dowolne miejsce, więc równie dobrze mogłam się urodzić na przykład w Wiedniu albo Nowym Jorku. Oni wybrali Warszawę. Uważam, że mogłabym żyć w wielu innych krajach. Natomiast bardzo by mi brakowało Warszawy. W tym mieście jest kilka miejsc, które mnie wzruszają, które lubię. Na przykład Ściana Wschodnia. Wieżowiec na rogu Marszałkowskiej i Świętokrzyskiej, w którym mieszkałam parę lat. Gdy stoję na przystanku tramwajowym na Marszałkowskiej, zawsze odliczam do piętnastego piętra i patrzę w moje okna. Tam czułam, że jestem w Warszawie, bo miałam widok na Pałac Kultury i Nauki. I nie rozumiem, dlaczego pan Jacek Kurski, czyli prezes Telewizji Publicznej, zdecydował, aby ukrywać przed widzami „Wiadomości" ten budynek.

Maria Czubaszek

"Z tobą gorzej niż bez ciebie"

Gdy odeszłaś poszedłem się upić
Potem list napisałem nad ranem
I prosiłem,błagałem jak głupi
O ostatnie,przed ślubem,spotkanie.
Slub wzięłaś...a ja nie raz,nie dwa
Cię proszę...Ty czasem ulegasz
I żyję tym tylko,a jednak
Coś ci powiem,lecz się nie pogniewaj.

Z tobą gorzej mi jest niż bez ciebie
Bo gdy jesteś,to ~~prędzej~~ [później] czy ~~później~~ [prędzej],
Za godzinę,za minut pięć...nie wiem!
Ale wiem,że do niego odejdziesz!
Dlatego gdy jesteś tak blisko
Nie cieszy mnie to,bo wiem jedno:
Za chwilę znów skończy się wszystko,
Za chwilę odejdziesz napewno!

Mnie bez ciebie jest lepiej niż z tobą
Bo gdy nie ma cię - prędzej czy później
Przyjdziesz do mnie,bo musisz przyjść znowu
I przez jakiś czas ze mną pobędziesz!
Dlatego choć żyję czekaniem
Na ciebie,najdroższa,to jednak
Nie przychodź już więcej,kochanie!
Już nie przychodź tu nigdy i - żegnaj!

NIEWIARA

Kościół i postępujący ateizm

Moja babcia była bardzo wierząca, ciocia była w ogóle dewotką, natomiast mama chodziła do kościoła, ale bez przepychu. Gdy poznałam bardzo mądrego filozofa, profesora Mikołejkę, zaczęłam się zastanawiać, czy jestem agnostyczką, czy niewierzącą. Chyba coraz bardziej to drugie. Dziś mogę z czystym sumieniem powtórzyć za Lecem: Dzięki Bogu, jestem ateistką.

Kiedy byłam nastolatką, moja ciotka, która chodziła do kościoła codziennie, próbowała mnie przekonać do wiary. Nawet odniosła pewien sukces, bo przez kilka tygodni rzeczywiście uczciwie codziennie byłam na mszy. Ale tylko dlatego, że podobał mi się pewien ministrant. Kiedy zrozumiałam, że nie jest mną zainteresowany, przestałam chodzić do kościoła.

Ale wiarę straciłam chyba znacznie wcześniej. Nigdy jakoś specjalnie nie kolegowałam się z dziećmi, ale miałam takiego przyjaciela z podwórka. Miał chyba z pięć, może sześć lat, kiedy zachorował i umarł. Wtedy zaczęłam zadawać sobie pytanie, dlaczego ten Pan Bóg jest taki niedobry. Sama miałam wtedy chyba z siedem lat i byłam strasznie rozgoryczona oraz wkurzona tym, że On nie uzdrowił tego dzieciaka. A przecież mógł to zrobić, skoro jest wszechmocny. To był mój dziecięcy ateizm. I ten bunt przeciwko wierze we mnie narastał. Kiedy byłam starsza, zaczęłam się zastanawiać nad niepokalanym poczęciem. A im więcej wiedziałam o rodzeniu się dzieci, tym bardziej mi to wszystko nie pasowało.

Z każdym rokiem, widząc różne sytuacje, coraz bardziej wątpiłam w to, że Bóg istnieje, bo gdyby był, to powinien być dobry. A moim zdaniem nie jest dobry, bo, niestety, wielu skurwysynom lepiej się dzieje niż ludziom poczciwym. Bo ile dzieci jest beznadziejnie chorych, ilu ludzi dobrych umiera w cierpieniu?! Ale tak naprawdę resztki wiary straciłam, gdy umierała moja mama. Nie byłam w stanie zrozumieć, dlaczego, jako osoba wierząca, tak bardzo się boi nadchodzącej śmierci. Obie doskonale zdawałyśmy sobie sprawę z tego, że nieuniknione nadejdzie wkrótce. Próbowałam ją jakoś pocieszyć. Przekonywałam, że skoro spotka się z Bogiem, którego tak kocha, to nie powinna się martwić. Żartowałam, żeby mnie pozdrowiła z nieba. Ale sama coraz częściej widziałam w wierze sprzeczności. W końcu zapytałam o to księdza, który przyszedł mamę odwiedzić, dlaczego ona, będąc całkowicie przytomna i mając, jak to się mówi, jasną głowę, tak panicznie boi się śmierci, mimo że jest wierząca. Usiłował mnie przekonywać, że to jest próba, i to nawet nie dla niej samej, ale dla jej otoczenia. Nie przekonał. Nie chciałam być poddawana przez Boga takim próbom. Szlag mnie trafiał, bo to niesprawiedliwe, że człowiek całe życie wierzy, że po śmierci będzie miał wreszcie lepsze życie, a w ostatniej chwili zaczyna się panicznie bać momentu przejścia do tamtego świata.

Kiedy mama zmarła, ja byłam już pewna, że nie wierzę w Boga. I paradoksalnie dopiero wtedy poczułam prawdziwą ulgę.

Do kościoła już od lat nie chodzę. Zresztą, czego tam miałabym szukać? Na przykład w takim Toruniu większość tych ludzi wychodzących od ojca Rydzyka twierdzi, że są szalenie wierzący i bogobojni. Ale nieraz widać w telewizji, że po mszy najchętniej rozwaliliby kamery TVN. To, co robią, to wiara i modlitwa na pokaz.

Dobrze, że moje życie powoli dobiega końca, bo dla takich jak ja zaczynają się trudne czasy. Niby Polska jest państwem świeckim, ale mamy coraz więcej elementów religijnych. A dowodem na to, jak rząd jest uzależniony od Kościoła, jest przekazanie tych grubych milionów Rydzykowi.

Media Rydzyka

Chociaż nie lubię podróżować, to byłam w Toruniu, żeby zobaczyć Radio Maryja. Oczywiście, z zewnątrz. Do środka nigdy nie weszłabym, nawet gdyby mnie zaproszono, ale na szczęście mi to nie grozi. Uważam, że są po prostu miejsca, w których bywać się nie powinno; do nich należy właśnie Radio Maryja i telewizja Trwam.

Zupełnie się nie zgadzam z ojcem Tadeuszem Rydzykiem. Uważam, że on i jego podwładni robią paskudną robotę. W mediach Rydzyka nie ma miejsca na jakąkolwiek wymianę poglądów czy uczciwą dyskusję. To przypomina mniej więcej to, co robi Janek Pospieszalski w swoich kolejnych programach. Niby warto porozmawiać, a ja wiem, że kto ma za bardzo inne zdanie, to nie warto.

Bajka optymistyczna, czyli „Żyli długo i szczęśliwie"

Dawno, dawno temu, za górami, za lasami, za konia... dziad i baba dostali królestwo. Tak więc był sobie król i królowa... bardzo starzy oboje... Ale mieli młodszą od siebie córkę. Królewnę zresztą. Niestety. Dziewczyna była okropnym śpiochem i wprawdzie przesypiała całe dnie, ale była bez przerwy śpiąca. I wtedy zjawiła się zła, ale mądra wróżka i kazała Śpiącej Królewnie przebierać mak. A ponieważ mak posiada właściwości usypiające, królewnę chwycił taki śpik, że nie było ludzkiej siły, żeby ją obudzić. Ale był sposób. Otóż zła, ale mądra wróżka powiedziała królowi i królowej, bardzo starym obojgu... że królewna będzie spała dopóty, dopóki jakiś nieśpiący rycerz nie opowie jej takiej bajki, która by ją naprawdę zachwyciła. Wiadomość ta rozeszła się lotem (bo LOT-em bliżej!) po całym, otrzymanym za konia królestwie. I na zamek zaczęli zjeżdżać nieśpiący rycerze, by opowiadać Śpiącej Królewnie najróżniejsze bajki... Na próżno! Królewna spała jak suseł! Starsi od niej rodzice stracili już wszelką nadzieję. I oto pewnej zimowej nocy, w samo południe, gdy żar lał się z nieba, zjawili się na zamku dwaj rycerze. Trochę śpiący, bo jechali sześć dni i trzy noce bez przerwy... ale pełni wiary, że ich bajki obudzą wreszcie wiecznie śpiącą królewnę. Król i królowa, bardzo starzy oboje, zaprowadzili ich do sypialni młodszej od nich córki...

– Witam was, chłopcy!

– To ty... nie śpisz?!? – zadziwili się rycerze...

– Śpię jak suseł. Tylko mówię przez sen. Mam to od dziecka. No, ale słucham was!

– Mam dwie bajki... – zaczął pierwszy rycerz... – O dziewczynce z krasnoludkami i o sierotce Marysi i brzydkim krasnoludku...

– Opowiedz obie! – poradził rycerz drugi.

– Ale razem! – zażądała Królewna i ziewnęła. – Przepraszam was, ale to nie z niewyspania tylko z nudów. Zaczynaj! Umieram z ciekawości...

– Za siedmioma górami... za siedmioma rzekami... żyła sobie sierotka Marysia. Miała tylko starych rodziców i siedmiu krasnoludków.

– Czyli siedem romansów sierotki Marysi, tak? – przerwała na chwilę ziewanie królewna.

– Nie. Bo sierotka Marysia pojechała kiedyś do wujenki i został jej tylko jeden krasnoludek.

– A co się stało z tymi sześcioma?

– Nie wiadomo dokładnie... Może wyrośli na ludzi?

– Niewykluczone. W każdym razie sierotce Marysi został tylko jeden. Niestety. Był to wyjątkowo brzydki krasnoludek. I duży! Niepodobny do innych...

– Może to był indyk? – przerwała śpiąca królewna.

– Niewykluczone... W końcu indyk od krasnoludka różni się tylko tym, że jest indykiem... A poza tym – żadnej różnicy! Sierotka Marysia postanowiła więc przeprowadzić próbę. Na wodę. Skoczyła do stawu i zawołała krasnoludka. Okazało się, że pływa jak kaczka! Wtedy sierotka Marysia, przekonana już, że jest to prawdziwy krasnoludek, rozbiła o niego butelkę szampana i mówiąc: Płyń po morzach i oceanach, nadała brzydkiemu krasnoludkowi imię Calineczka.

– Calineczka nie ptak... karzełek nie ludzie – zanuciła królewna.

– Nie śpisz?! – Ucieszyli się.

– Śpię... ale nie przerywajcie sobie... to bardzo ciekawe...

– Rodzice sierotki Marysi – ciągnął rycerz pierwszy – radzili jej, żeby zamieniła brzydkiego krasnoludka... dziobali go i poszturchiwali... ale ona głaskała go po piórkach i tłumaczyła, że ma dobre serduszko, świetnie pływa, a kiedy dobrze mu się przejrzeć, to nawet nie jest taki brzydki...

– Ładnemu we wszystkim ładnie! Nawet w brzydocie! – wtrącił rycerz drugi.

– I to już koniec bajki? – ucieszyła się królewna.

– To dopiero początek. Brzydki krasnoludek, mimo serdeczności sierotki Marysi, czuł się inny niż inni i postanowił pójść w świat. Pływał po morzach i oceanach, nurkował... ale nikt nie zwracał na niego uwagi, bo był taki brzydki!

– Uroda bardziej się rzuca w oczy niż brzydota.

– O to chodzi! A Calineczka nie tylko, że był wyjątkowo brzydki, to jeszcze niczego prawie nie potrafił! Ani miauczeć... ani mruczeć, a nawet składać jaj!

– Przecież żaden krasnoludek tego nie potrafi! – zauważyła nie bez racji królewna.

– No właśnie! I dlatego Calineczka również tego nie umiał! Bo był prawdziwym krasnoludkiem!

– Ale jak mógł to udowodnić?! – zasępił się rycerz drugi.

– Najlepszy dowód, że pływał jak kaczka... – stwierdziła królewna.

– To jeszcze żaden dowód, niestety. Na szczęście brzydki krasnoludek, sprzedając kiedyś w noc sylwestrową zapałki, poznał dziewczynkę, która zaprowadziła go do Królowej Śniegu... A ta, w pięknej chatce z pierników, poddała Calineczkę próbie.

– Na wodę?

– Nie. Poszła do sypialni, zdjęła ze swego królewskiego łoża całą pościel i na materacu położyła...

– ...brzydkiego krasnoludka... – dokończyła królewna.

– Nie. Ziarnko grochu.

– To była na grochu – wyjaśnił rycerz drugi.

– Aha!...

– Następnie Królowa Śniegu położyła na tym ziarnku grochu dwadzieścia materaców i dwadzieścia puchowych pierzyn, a na nich – brzydkiego krasnoludka. Rano spytała: Jak ci się spało?...

– Dziękuję... mnie się zawsze znakomicie śpi...

– Ale Królowa spytała Calineczkę!

– Aha!

– A ten powiedział, że spało mu się fatalnie, że właściwie całą noc nie zmrużył oka!

– Było mu pewnie za gorąco na tych puchowych pierzynach!

– Nie! Uwierało go ziarnko grochu!

– Aha...

Calineczka ugotował z grochu zupę z gwoździa i tym sposobem udowodnił, że jest wprawdzie brzydkim, ale za to prawdziwym krasnoludkiem! I z radości stał się pięknym łabędziem! Postanowił więc wrócić do sierotki Marysi i jej starych rodziców. Kiedy jednak płynął po morzach i oceanach, na jeziorze łabędzim natknął się na rybę piłę! Tysiące ryb pił! No i pił, pił, pił, jak smok, aż wreszcie pękł!

Królewna spała jak suseł.

– Wszystko na nic! – żachnął się rycerz pierwszy... – No, ale opowiadaj swoją bajkę! Może będziesz miał więcej szczęścia!

– Wątpię – zasępił się drugi. – Moja bajka jest bardzo krótka...

– Nie szkodzi! Opowiadaj!

I drugi rycerz zaczął:

– Dawno, dawno temu... za siedmioma górami, za siedmioma rzekami pewien chłopak zakochał się w pewnej dziewczynie... wziął ja za żonę i żyli długo i szczęśliwie!

– I co? – ożywiła się nagle królewna.

– I nic. To już koniec bajki.

– Poczekaj... jak powiedziałeś?... Dawno, dawno temu... za siedmioma górami, za siedmioma rzekami pewien chłopak zakochał się w pewnej dziewczynie.. pojął ją za żonę i żyli długo i szczęśliwie...

– Tak.

– Żyli długo i szczęśliwie z e s o b ą?

– Oczywiście!

– Ależ to najpiękniejsza bajka, jaką słyszałam!!!

* * *

I wiecznie śpiąca królewna, zgodnie z przepowiednią złej, ale mądrej wróżki, zbudziła się wreszcie i wszyscy troje żyli ze sobą długo i szczęśliwie, aż do rozwodu! Ja też na tym rozwodzie byłem i żytnią z colą piłem!

SPIS TREŚCI

Wstęp 5
Uroda, czyli kobietą być 9
Niby nic 18
Wczoraj i dziś 21
O Królewnie Śmieszce, komiku garbusku i jednym smutnym 23
Wszystko o Marii 27
Dom, rodzina, relacje 35
Kolejki, czyli „Ja postoję" 44
Miłość, związki, rozstania 47
Dialog 54
Gdzie masz piętę 64
Takie czasy, niestety 66
Wszystko, co chcielibyście wiedzieć o seksie, ale baliście się zapytać 69
Wojna płci 87
Moja praca 95
The best of... blog 114
Na 37 dni tygodnia 126
Ludzie, z którymi pracowałam 135
Tak samo, tylko odwrotnie 146
Serwis wiadomości różnych, nierzadko prawdziwych 169
Całkiem prywatnie 171
Dajmy się zwariować! 176
Polowanie 182
Nałogi, zdrowie i śmierć 185

Natura i ja 193
„Biała dama na czarnym koniu" 202
Media 205
Święta wszelakie 211
Karp 214
Polityka i życie 221
Narodowa katastrofa 226
[Kwiecień] 228

Ludzie władzy 231
Elitarna księżna 239
Polska 257
Z tobą gorzej niż bez ciebie 262
Niewiara 263
Bajka optymistyczna, czyli „Żyli długo i szczęśliwie" 266